ANGELA WEISS

MUTTER LÄSST grüssen

Ein heilsam revolutionärer Blick auf die erste Frau in unserem Leben

INHALT

MUTTER SEI DANK

»Eine Mutter macht grundsätzlich mehr richtig, als sie jemals falsch machen könnte. Andernfalls gäbe es uns gar nicht.«

ANGELA WEISS

Begeisterung und Neugierde über den für Sie wichtigsten Menschen weckt dieses Buch. Genau, der sind Sie!

Sie lesen weder in einem Erziehungsratgeber, noch handelt es sich um eine Abrechnung mit Ihrer Mutter. Es ist auch nicht speziell für Mütter geschrieben, sondern für Menschen, die von einer Mutter geboren wurden. Dieser Umstand ist bei jedem einzelnen Menschen prägend und ein gemeinsamer Nenner. Einer, der uns alle verbindet. Jeder von uns hat während der Schwangerschaft monatelang Tag und Nacht mit und in seiner Mutter zugebracht. Es wird Ihnen wohl niemals jemand wieder so nahestehen wie damals Ihre Mutter.

Keineswegs möchte ich die wichtige Rolle von Vätern in Abrede stellen. Aber unsere Entwicklung betrachte ich hier nun einmal unter dem mütterlichen Einfluss.

Viele Aspekte mussten unberücksichtigt bleiben, dazu gehört auch die absolut spannende Interaktion von »Vater-Mutter-Kind«. Andere konnten nur angedacht werden. Das liegt daran, dass Erkenntnisse aus Medizin, Pädiatrie (Kinderheilkunde) und Psychologie ständig erweitert und zum Teil auch revidiert werden. Dieses Buch ist also auch kein wissenschaftliches Lehrbuch, sondern will eher als eine Reflexionsgrundlage dienen. Ein Ratgeber, der das Nachdenken über sich selbst anregt.

Jeder von uns hat vielfältige und unterschiedlichste Kenntnisse in allen möglichen Wissensgebieten. Wie gut kennen Sie sich beispielsweise aus in der Gegend, in der Sie leben, oder auch mit Aktienkursen, dem Steuerrecht, dem Streckennetz? Sind Sie ein Frauen-, Männer- oder Weinkenner, ein Restaurant-Scout? Haben Sie Fachwissen in Ihrem Beruf, Ihrem Hobby? Sind Sie ein It-Girl, ein Playboy, eine Reiseleiterin, ein Tierfreund, eine Naturschützerin?

EXPERTE IN EIGENER SACHE

Wie steht es aber mit dem wirklich Naheliegenden? Ihrer Menschwerdung, der Entwicklung von der befruchteten Eizelle zum Baby bis hin zu der Person, die Sie heute sind? Was wissen Sie darüber? Sind Sie »Experte in eigener Sache«? Und zwar nicht erst dann, wenn etwas zwickt oder wehtut, sondern einfach so, weil Sie neugierig sind, weil Sie dranbleiben möchten an der Liebesbeziehung mit sich selbst.

Wenn nicht wir selbst Experten in eigener Sache sind, wer ist es dann? Möchten Sie, dass Ihre Mutter auch in Ihrem Erwachsenenleben die Expertin bleibt, die sie in Ihrer Kindheit für Sie war? Oder sollte das jetzt lieber ein Arzt übernehmen, ein Seelsorger, der Partner? Frustriert es Sie vielleicht, dass keiner von denen das richtig zu machen scheint? Was nicht weiter erstaunlich ist, denn jeder dieser Experten betrachtet Sie von einem anderen Blickwinkel aus. Zugang zum ganzen Spektrum haben nur *Sie*.

Sie wollen jetzt genau wissen, wer Sie sind und wie Sie ticken? Sammeln Sie so viele Informationen wie möglich über sich selbst. Die besten Quellen hierfür sind Ihre Erinnerungen, Ihre Familie, Bezugspersonen aus Ihrer Kindheit, Ihre Mutter – und auch dieses Buch.

In diesem Buch werden Sie über einige spannende Möglichkeiten lesen, wie Sie sonst noch an Wissen über sich selbst herankommen. Es freut mich, wenn Ihnen der eine oder andere Impuls heilsame und wohltuende Erkenntnisse schenkt.

Setzen Sie Ihr Gehirn ein und alles, was Sie darin über sich abgelegt haben. Rufen Sie Erinnerungen und Gefühle ab. Wussten Sie, dass Informationen nicht nur im Gehirn abgespeichert sind?

Bitte haben Sie Verständnis, dass ich mich bei alledem nicht speziell um eine geschlechtsneutrale Anrede geschert habe. Sofern aus dem Zusammenhang nicht anders erkennbar, können sich Frauen genauso wie Männer angesprochen fühlen.

FRAGEN, DIE GUTTUN

Die Mutter des griechischen Philosophen Sokrates, die ehrwürdige Phainarete, war eine Maia. So bezeichneten die alten Griechen ihre Hebammen. Offenbar hatte ihr Sohn Sokrates von ihr gelernt, was eine gute Hebamme ausmacht. In Platons Dialog Theätet sagt er über sich selbst: »Ich vermute, und du selbst glaubst es ja auch, dass du in dir mit etwas schwanger gehst und Wehen hast. Vertraue dich also mir an. Denn schließlich bin ich der Sohn einer Hebamme und verstehe auch selbst etwas von dieser Kunst.«

Die hier beschriebene Gesprächstechnik wird Maieutik genannt. Der Fragesteller ist dabei wie eine Maia, eine Geburtshelferin. Die Fragen sollen einen dazu veranlassen, ein Problem zu vertiefen, es zu betrachten und selbst zu klären. Die Maieutik besteht darin, da zu sein, zu begleiten, das Vertrauen zu stärken und das »Gebären« der Antworten und Erkenntnisse nicht zu stören oder gar selbst zu übernehmen.

FRAGEN AN SIE SELBST

◇ Reduziert Sie Beruf oder Familie auf eine bestimmte Tätigkeit, obwohl Sie auch andere Talente haben?

◇ Sind Sie so damit beschäftigt, Erwartungen anderer zu entsprechen, dass Sie gar nicht mehr so genau wissen, was SIE wollen?

◇ Lassen Sie das mit sich machen? Warum?

◇ Haben Sie eine Idee, was sonst noch für Möglichkeiten in Ihnen schlummern?

◇ Wenn Sie morgen mit einer zusätzlichen Fähigkeit oder Begabung aufwachen dürften, welche würden Sie wählen?

◇ Fällt Ihnen spontan überhaupt eine ein?

◇ Wenn Sie in fünf Jahren abdanken müssten, würden Sie etwas an Ihrem Leben, Ihrem Alltag ändern? Gibt es Blockaden, die Sie von Ihrer eigentlichen Berufung abhalten?

Auf den nächsten Seiten begegnen Ihnen viele Fragen. Fragen von der Art, die Sie veranlassen werden, sich selbst zu erkunden, die ans Licht bringen, was längst bei Ihnen vorhanden ist. Das Schöne ist, beim Antworten wird Sie niemand unterbrechen und dazwischenreden. Sie können sich Zeit lassen, werden nicht bewertet und beurteilt für das, was Sie denken.

Routinemäßig ablaufende Verhaltens- und Denkmuster, Glaubenssätze, Dogmen, Vertrautes und Gewohntes infrage zu stellen, fühlt sich für viele Menschen ungewohnt an, mitunter sogar falsch. Ein fixes Selbstbild lässt uns glauben, wir wüssten schon, wer wir sind – und es käme nur noch darauf an, uns zu optimieren, besser zu werden, mehr und Höheres zu erreichen.

Wer sich auf Fragen über sich selbst einlässt, riskiert etwas. Sich infrage stellen heißt, das Selbstbild zu hinterfragen, das man erschaffen hat, mit dem man sich identifiziert, mit dem man bisher gelebt hat.

Dabei gibt es noch so viel mehr zu entdecken. Neues und Unbekanntes entfesselt das, was in der Tiefe unserer Seele darauf wartet, gelebt zu werden. Schauen Sie doch mal an, was bei Ihnen herauskommt, und lassen Sie dieses Buch Ihre Maia sein.

DANKE AN MEINE MAIAS

Danke an meine Patienten. Durch sie und mit ihnen darf ich all das lernen, was mir kein Lehrbuch oder Dozent beibringen konnte. Zunehmend komme ich dahinter, dass ich bei einer gelungenen Konsultation in meiner Sprechstunde nicht mehr als eine Projektionsfläche bin, also ein Resonanzkörper. Die Stichworte für einen Lösungsweg, das innere Wissen darüber, was bei ihnen angeschaut werden darf und soll, liefern immer meine Patienten selbst. Diese innere Weisheit betrachte ich als Geschenk, darauf darf ich immer weiter aufbauen, das gebe ich gerne weiter.

Eine ganze Weile habe ich in den Gesprächen den wiederkehrenden Bezügen zur Mutter keine weitere Beachtung geschenkt. Unabhängig von Alter oder Geschlecht taucht die Mutter jedoch in Bemerkungen und Schilderungen immer wieder auf. So begann ich mich intensiver für diesen Aspekt menschlicher Erfahrungen zu interessieren. Welchen Anteil hat die Mutter am Wesen eines Menschen, an seinen Konflikten, Ängsten und Sehnsüchten?

Fragen nach der Mutter und der Beziehung zu ihr machen Türen zu verborgenen inneren Welten auf. Selten bin ich einem Menschen begegnet, dem seine Mutter, in welchem Verhältnis er auch immer zu ihr stand, völlig gleichgültig war. Und wenn, dann macht auch so eine Behauptung hellhörig.

Es liegt mir fern, tiefere Ursachen für Probleme und Konflikte ständig und immer auf die Mutter reduzieren zu wollen. Solch ein simplifiziertes Vorgehen würde dem unendlich komplexen Zusammenspiel von Reizen und Erfahrungen, dem wir im Laufe unseres Lebens ausgesetzt sind, in keiner Weise gerecht. Dennoch meine ich, dass die Rolle der Mutter in unserem Leben unterschätzt wird. Lesen Sie, wie weitreichend ihr Einfluss auf uns ist.

Gezeugt und befruchtet wurde die Idee, den Einfluss der Mutter genauer zu betrachten, also während der Gespräche mit meinen Patienten wie auch durch Selbstbeobachtung.

Schwanger gegangen bin ich dann mit verschiedenen Aspekten der Prägung und Beeinflussung, denen ich verschiedene Abschnitte in diesem Buch gewidmet habe.

Sie werden zu den unterschiedlichen Themen auch Hilfen zur Selbsthilfe finden, um mit Schrammen und Verletzungen umzugehen. Gleichzeitig möchte ich Sie bitten, dass Sie es sich im Zweifelsfall nicht schwerer als nötig machen. Spannen Sie eine Fachfrau oder einen Fachmann ein, wenn Sie alleine nicht weiterkommen sollten.

Beim Gebären standen mir dann gleich eine ganze Reihe außergewöhnlicher Hebammen zur Seite. Ihnen und meinen mir ans Herz gewachsenen Patienten möchte ich danken.

Besonders danken möchte ich meinem strengsten, aber auch ehrlichsten Kritiker sowie liebsten Menschen, meinem Lebenspartner Konstantin.

Zu guter Letzt möchte ich meine Mutter erwähnen und ihr einen besonderen Dank aussprechen:

HERZENSDANK MEINER LIEBEN MUTTER,

mir wird immer stärker bewusst, dass ich in Dir, mit Dir und durch Dich so viel lernen durfte. Vielleicht sogar weitermachen darf, wo Du aufhören wolltest oder musstest. Du hast mich genährt, gefördert, inspiriert und gemaßregelt. Du bist ein Kriegskind. Der Krieg begrub viele Träume Deiner Eltern. Du hast im Bauch Deiner Mutter nicht die Ruhe gefunden, die ich bei Dir hatte. Vertreibung, Entwurzelung, Angst und Flucht dominierten das Leben Deiner Mutter während der neun Monate, in denen Du geworden bist. Zutrauen zu Dir und zu Deinen Fähigkeiten, Gelassenheit, Mut – das vermisse ich manchmal bei Dir. Papa hat Dich vor vielem abgeschirmt, Dir vieles abgenommen und so manches sogar entrissen. Damit wollte er Dir auf seine Art seine Liebe zeigen, wenngleich er Dir damit nicht wirklich immer einen Gefallen erwiesen hat. Es blieb Dir in manchen Bereichen verwehrt, Deine vielen Anlagen und Fähigkeiten zu entfalten. Aus Rücksicht und Furcht, auch aus Bequemlichkeit und Überzeugung hast Du vielleicht auch aufgegeben, das für Dich einzufordern. Entfaltung bedeutet, dass Du, bevor Du an irgendetwas anderes oder jemanden glaubst, an Dich glaubst.

Was wünsche ich mir für Dich? Ruhe und Gelassenheit ohne Schuldgefühle. Anpassung an Unabänderliches, ein Auge für die Chancen, die Änderungen mit sich bringen. Spiritualität durch Liebe und nicht Festhalten an Dogmen. Es ist so schön, frei und beweglich zu sein. Wer sich bewegt, schüttelt seine Fesseln ab. Vielleicht hast du so weniger Schutz, aber Blessuren heilen besser, wenn sie Licht und Wärme ausgesetzt werden.

Ich denke an Dich, umhülle Dich mit strahlendem Licht, halte im Geist Deine Hand. Du hast mich als Kind in Deinen Armen gewiegt, als ich nicht schlafen konnte. Dabei hast Du »Cheerio Baby« gesungen. Das war wundervoll. Danke!

Dein Kind

AN SEINER MUTTER KOMMT KEINER VORBEI

»Die erste Liebe, die ins Herz einzieht, ist die letzte, die aus dem Gedächtnis schwindet.«

JOHN PETIT-SENN (FRANZÖSISCH-SCHWEIZERISCHER LYRIKER)

Der erste Gott in Ihrem Leben war Ihre Mutter.

Ihre Existenz begann im »mütterlichen Universum«. Ihre Mutter war die Herrscherin über Raum, Zeit, Materie und Energie. Sie stellte Ihnen alles zur Verfügung, was Sie brauchten. Richtete Ihnen in Ihrem Leib ein Paradies ein. Ihre Mutter war Ihre Göttin, Ihre Welt und zugleich die Person, die über diese Welt bestimmte.

Zeit unseres Lebens pendeln wir seitdem zwischen Nähe und Distanz. Ziel dieser Übung ist psychische Stabilität und Autonomie. Zunächst kämpft ein Kind um die Nähe zu seiner Mutter, in der Trotzphase ringt es um Distanz und in der Pubertät sucht es die Ablösung. Stellvertretend für die Mutter versucht sich der Mensch später an Bezugspersonen und Liebespartnern. Sie haben in der Zwischenzeit sicher Schnuller, Kuscheltiere und Schmusedecken abgelegt.

Überlegen Sie mal, auf wen oder was Sie heute zurückgreifen, wenn Ihnen Sicherheit, Trost, Nähe oder Geborgenheit fehlen? Auf einen lieben Menschen? Vielleicht auch auf Gegenstände wie ein Auto, Kleidung, Schmuck, es kommen auch Gewohnheiten, Süchte oder Anschauungen infrage. Möchten Sie sich dann betäuben, ablenken oder lieber in sich gehen, wirklich geliebt werden?

Wie verbunden sind Sie noch mit Ihrem »ersten Gott« – mit Gott überhaupt?

Sind Sie religiös, gläubig, strenggläubig oder gutgläubig? Sind Sie spirituell, Agnostiker (unsicher, ob es Gott gibt) oder Atheist (jemand, der nicht an Gott glaubt)? Fühlen Sie sich verbunden mit dem Sein und der Welt?

Wie sieht es denn so aus mit dem Glück in der Liebe, Ihrem Selbstvertrauen, Ihren heimlichen Ängsten und der Beziehung zu Ihrer Mutter? Was denn bitte schön die Mutter mit alldem zu tun hat? Das werden Sie schon noch sehen!

Wir alle werden als abhängige und hilfsbedürftige Wesen von einer Frau geboren.

An Ihrer Mutter kommen Sie also nicht vorbei. Sie macht unser Leben erst möglich, wir gehen aus ihr hervor, sie hat uns geprägt, nicht nur in unserer Kindheit, sondern darüber hinaus auch unsere Haltung und Handlungen als Erwachsene.

Ihre leibliche Mutter ist wohl die wichtigste Frau in Ihrem Leben.

Die im Bauch der Mutter verbrachte Zeit bildet tiefwirkende Muster für den Rest unseres Lebens. Selbstwahrnehmung findet zum ersten Mal im Mutterleib statt. Unsere Geburt ist ein riesiges gemeinsames Abenteuer mit der Mutter. Mit ihr haben Sie weitaus mehr Zeit verbracht als mit dem Vater. Abgesehen von den gut neun Monaten im Bauch verbringen Kinder in ihren ersten zehn Jahren in einer Durchschnittsfamilie zehnmal mehr Zeit mit der Mutter als mit dem Vater.

Die Verbindung mit der Vergangenheit, die so eng mit unserer Mutter verwoben ist, stärkt unseren Gegenwartsbezug, enthüllt eine Menge über unsere Motivationen, Ängste und Stärken. Ohne das Gefühl dafür, wer wir sind, bleiben wir losgelöst und unfähig, Anschluss zu bekommen. Die Mutter überträgt während der Embryonalphase unbewusst ihre emotionalen Themen in das Mentalfeld ihres Kindes und das Kind trägt diese Inhalte in sich. Viele Menschen schleppen bestimmte Themen dann ein Leben lang mit sich herum und geben sie an die nächste Generation weiter. Das geht so lange, bis jemand erkennt, dass der Rucksack jemand anderem gehört, und diesen ablegt (siehe auch *Die Crux mit dem Verzeihen*, Seite 120 ff.).

Jeder Mensch ist ein geistig-spirituelles Lebewesen. Wer einen Menschen und sich selbst ausschließlich logisch betrachtet, dem entgehen eine ganze Reihe spannender Erkenntnisse und Selbsterkenntnisse.

Als Kind waren wir psychisch und physisch komplett abhängig, normalerweise von der Mutter. Wir waren ihr deshalb in den ersten Jahren ausgeliefert, weil sie uns ernährte, uns sauber und warm hielt, uns half und unterstützte. Wir waren aber auch ihren Wünschen und Vorstellungen darüber ausgeliefert, was sie für gut für uns hielt, genauso wie ihren Launen, ihrer Willkür, ihren Macken, ihren Verletzungen, ihren Leiden, ihren Sorgen und Sehnsüchten. Natürlich hatten wir auch intensiv Anteil an ihrem Glück und ihren Freuden.

Sie merken, allein durch diese Prägungen bleiben unsere Mütter auch als Erwachsene für uns bedeutsam.

DIE ERSTE GROSSE LIEBE

Die gegenseitige Liebesbeziehung zwischen Mutter und Kind ist fester Bestandteil im Programm des Lebens. Ob diese Liebesbeziehung tragisch oder glücklich verläuft, beeinflusst später das ganze Leben. In jeder Liebesbeziehung gibt es einen, der mehr und den anderen, der weniger liebt. Unsere Mutter hatte uns mehr Lebenszeit und damit mehr Erfahrungen in der Liebe voraus. Ob diese Erfahrungen positiv oder negativ waren, bleibt dahingestellt. Wir kamen auf jeden Fall als absolute Liebesamateure ins Dasein.

Das mütterliche Gehirn wird durch Hormone jedoch so weit manipuliert, dass auch eine Frau, die überhaupt nicht Mutter werden möchte, ja sogar eine lieblose oder liebesunfähige Frau Mutter werden kann. Unsere Mutter war deshalb immer diejenige, die uns anfangs mehr geliebt hat.

Fakt ist, dass wir die Mutter zum Überleben brauchten, die Mutter uns aber nicht.

Durch Schwangerschaft, Geburt, Stillen, Körperkontakt mit dem Kind sowie durch seinen Geruch werden Hormone gebildet, die bestimmte Gehirnschaltkreise für mütterliches Verhalten stärken. Zusätzlich produzieren bereits der Fötus und seine Plazenta Botenstoffe, die das mütterliche Gehirn ständig umspülen. Damit wird ein machtvolles Programm ausgelöst, das das Gehirn der werdenden Mama umstrukturiert.

Sie haben es schon richtig verstanden: Diese Botenstoffe sind das Waschpulver für die Gehirnwäsche, die auf eine Mutter einwirkt. Ohne diese Gehirnwäsche würde eine Frau niemals zur Mutter werden! Denn eine Mutter ist in der Lage, alles Erdenkliche und manchmal fast Unmögliches für ihr Kind zu unternehmen. Sie steht in einer geradezu suchtartigen emotionalen Abhängigkeit zum Baby, bringt unglaubliche Opfer, ist zu Beginn nahezu 24 Stunden permanent auf Trab, denkt an nur einen einzigen Menschen und ist für diesen ständig parat. Das ist ein extremer Belastungszustand, der nur durch eine biologisch ausgelöste Willensmanipulation zustande kommen kann. Dieses hohe Niveau an bedingungsloser Liebesintensität fährt dann auf ein naturgewolltes Normalmaß zurück, sobald das Kind selbstständiger wird. Andernfalls würde sich die Mutter zugrunde richten und es gäbe keinen Raum für weiteren Nachwuchs beziehungsweise andere Liebesbeziehungen. Die Natur hat dafür gesorgt, dass jeder Mensch grundsätzlich zumindest seine Erstausstattung Liebe erhält.

Wenn nach und nach die Hormone der Mutter auf ein Normalniveau sinken, bildet sich die bedingungslose Mutterliebe zurück. Parallel dazu jedoch wächst und entwickelt sich die Liebe des Kindes. Eine Ahnung der bedingungslosen Mutterliebe hat sich tief verankert als eine Art Vorbild oder Idealmodell. Das Kind fängt an für sie zu glühen, während die Mutter abkühlt. Stellen Sie sich das wie ein Diagramm vor: Eine Achse definiert die Lebensjahre von der Empfängnis bis zum Tod und die andere Achse das Liebesausmaß. Auf Ihrem Liebesdiagramm bewegten sich die Liebeslinien von Ihnen und Ihrer Mutter zunächst aufeinander zu. Versuchen Sie womöglich seit jeher, die Liebe Ihrer Mutter einzufangen? Hinter solchen abstrakten grafischen Vorstellungen verbergen sich mitunter tragische Lebens- und Liebesgeschichten.

Erreichen sich Kinderliebe und Mutterliebe nicht oder nur sehr kurz und gehen einander wieder verloren, dann wird das Kind mit einer lebenslangen ungestillten Sehnsucht leben.

Wenn die Liebe eines Kindes nicht bei der Mutter ankommen kann und auch umgekehrt, fehlt ihm von Anfang an ein Grundvertrauen.

Ein Kind lernt zu lieben, um zu überleben. Wenn es das Kind nicht schafft, die Mutter mit seiner zunehmenden Liebenswürdigkeit zu erreichen und sie davon zu überzeugen, während deren Liebeshormone abnehmen, fürchtet es, verlassen zu werden und zu sterben. Es strengt sich daher mächtig an. Läuft seine Liebe öfter ins Leere, dann zweifelt es nicht an der Mutter, sondern an sich und seinen Fähigkeiten. Um zu überleben, experimentiert es mit Ersatzhandlungen, indem es nach Beweisen sucht, nicht übersehen zu werden, wie etwa sozial anerkannte und erfreuliche Mittel wie Charme und Herzlichkeit, aber auch mit gegen sich selbst oder andere gerichtete Aggressionen. Kleine Kinder setzen sich aus Liebe zu ihren Eltern mit Leib und Seele ein, ja, sie können sich sogar für sie opfern. Das tun einige auch dann noch, wenn sie längst erwachsen sind. Wenn diese Menschen selbst Eltern geworden sind, übersehen sie dabei womöglich sogar ihre Kinder aus Liebe zu ihren Eltern. So werden Muster von einer an die nächste Generation weitergegeben.

Ein schwieriges Verhältnis zur Mutter ist ein tiefer emotionaler Schmerz und ein anhaltendes Leid, eine energetische Blockade. Sie sind damit abgeschnitten vom Quell Ihrer ersten Liebeserfahrung. Mit Ablenkung, räumlichem Abstand oder Kontaktabbruch ist diesem Zustand nicht beizukommen. Das Heilmittel für verlorene Liebe ist Liebe. Mutterliebe lässt sich zu Beginn der Mutter-Kind-Liebesbeziehung durch Hormone erzwingen – oder vielleicht gefällt Ihnen der Begriff »herbeizaubern« besser. Dieser biologische Kunstgriff ist einmalig. Doch was machen wir denn später?

Die nachfolgenden Kapitel ermutigen und begleiten Sie, sich der Urahnung der ersten Liebeserfahrung Ihres Lebens zu nähern, ihr nachzuspüren, sich zu erinnern, dort anzukommen.

WENN SIE AN IHRE MUTTER DENKEN …

Beschreiben Sie doch mal Ihre ehrlichen Gefühle, wenn Sie an Ihre Mutter denken. Was empfinden Sie? Es geht dabei nicht um Glorifizierung oder Schuldzuweisungen – es geht nicht um eine Abrechnung mit Ihrer Mutter. Es geht gar nicht um Ihre Mutter! Es geht um SIE und Ihr ureigenes Innenleben.

Trauen Sie sich, schonungslos inneren Wahrheiten zu begegnen. Lassen Sie diese Gefühle zu und begeben Sie sich auf eine spannende Abenteuerreise.

Hinter all den verschiedenen Symptomen, die uns manchmal das Leben schwermachen, stecken Gefühle. Wenn die uns zu schaffen machen, dann haben sie eine Botschaft. Wer diese nur bekämpft und nicht ganz genau hinhört, sorgt lediglich dafür, dass diese Gefühle an Umfang und Deutlichkeit zunehmen.

Widmen Sie sich einmal in Ruhe den folgenden Fragen:

- Was fühlen Sie, wenn es um Ihre Mutter geht?
  Wärme, Geborgenheit, Frieden, Annahme, Liebe, Freude?
  Spüren Sie Traurigkeit oder Sehnsucht?
- Gibt es offene Rechnungen, Vorwürfe, Ängste, Schuldgefühle, Trauer, Enttäuschungen, Verletzungen, Abwehr, Groll, Defizite, Überforderungen?
- Welche Erinnerungen steigen in Ihnen auf?
- Ist es Ihnen gelungen, im Laufe der Jahre Ihre Gefühle unter einer Decke von Ignoranz oder Idealisierung stummzuschalten?

Stummschalten bedeutet nicht hinhören, und das wäre so unendlich schade. Wissen Sie, warum? Energie folgt immer der Aufmerksamkeit. Lesen Sie sich dazu mal die Fragen auf der nächsten Seite durch.

Ihr gegenwärtiges Verhalten ist die Antwort auf das Destillat aus vorangegangenen Erfahrungen. Gibt es uralte Verletzungen, Ängste und Groll? Diese Gefühle können über viele Jahre bis in die Gegenwart fortleben und beeinflussen nachhaltig Verhalten, Glück und Gesundheit.

Anstatt in eine Opferrolle zu flüchten und andere – allen voran Ihre Mutter – mit Schuldzuweisungen zu überziehen, hilft die Mutterreise, Neugierde und Interesse an uns selbst zu entdecken, Verständnis und Einsicht zu erlangen, Schädliches und Schädigendes zu transformieren, gehen zu lassen und Verantwortung für alle Aspekte des Erwachsenenlebens zu übernehmen. Am Ende einer langen Reise führt dies zu einer liebevollen Verbundenheit mit dem Ich, Ihrer Mutter und Ihrer Vergangenheit. Beginnen Sie damit, sich ganz sacht auf Ihre Mutter auszurichten, begegnen Sie ihr neu. Begegnen Sie auch dem Teil Ihrer Mutter, der in Ihnen ist und für immer dort bleiben wird, Ihrer inneren Mutter. Das ist der Nährboden für eine nicht endende Liebesbeziehung mit sich selbst in der Gegenwart und Zukunft.

Was, wenn es keine Symptome gibt und alles bestens erscheint? Auch dann ist Ihr Inneres ein mit Ihrer Mutter verquicktes Mysterium, das einen näheren Blick allemal lohnt.

DIE MUTTERREISE

- ◇ Worauf richten Sie Ihre Aufmerksamkeit, wenn Sie an Ihre Mutter denken?
- ◇ Sehen Sie sie äußerlich vor sich?
- ◇ Was für ein Bild zeichnen Sie von ihr?
- ◇ Ist das ein Bild der Gegenwart oder der Vergangenheit? Die Mutter der Kindheit, der Jugend, des Erwachsenendaseins, des Alters?
- ◇ Wie erleben Sie den Wandel?
- ◇ Welche Grundstimmung nehmen Sie in sich wahr?
- ◇ Existiert eine Verbundenheit?
- ◇ Haben Sie überhaupt eine Vorstellung, ein klares Bild von ihr?
- ◇ Wie ist die Körperhaltung Ihrer Mutter? Hat die etwas mit ihrer Lebenshaltung zu tun?
- ◇ Gibt es einen Geruch der Mutter oder eine bestimmte Geschmacksnote, die Sie mit ihr in Verbindung bringen? Ist Ihnen wohl oder übel dabei?
- ◇ Ist die Stimme Ihrer Mutter in Ihrem Gedächtnis? Wie hört sich diese an? Was macht das mit Ihnen?
- ◇ Denken Sie an die Haut Ihrer Mutter. Welcher Teil Ihres Körpers fällt Ihnen dazu ein? Wollen Sie sie gerne berühren oder lieber nicht? Was spüren Sie? Wie fühlt sich das an?

- ◇ Gelingt es Ihnen, an die Mutter zu denken, sie sich vorzustellen? Sträubt sich etwas in Ihnen dagegen?
- ◇ Möchten Sie ein Foto oder einen persönlichen Gegenstand oder eine handschriftliche Notiz hinzunehmen, um sich leichter darauf einzulassen, es noch mal zu versuchen?
- ◇ Sagen Sie doch einmal laut »Mama«! Probieren Sie es doch einfach.
- ◇ Wie steht es mit Ihrer Energie nach dieser Aufmerksamkeitsübung? Hat sie zugenommen, abgenommen oder ist sie gleich geblieben?
- ◇ War es anstrengend, aufwühlend oder wohltuend, an Ihre Mutter zu denken?
- ◇ Haben Sie überhaupt etwas gefühlt?

WAS MACHT SIE ZU DEM, DER SIE SIND?

»Gene sind nur Bleistift und Papier,
die Geschichte schreibt jeder selbst.«

MARKUS HENGSTSCHLÄGER (ÖSTERREICHISCHER GENETIKER)

Sie glauben, jeweils exakt die Hälfte Ihrer genetischen Ausstattung von Vater und Mutter erhalten zu haben? Damit liegen Sie leider falsch! Bei der Zeugung kommen zwar 23 Chromosomen als Träger der Erbinformationen jeweils von Vater und Mutter. Aber: Die Mutter besitzt als Angehörige des weiblichen Geschlechts zwei identische X-Chromosomen. Der Vater verfügt als Mann lediglich über eines davon und zusätzlich über ein Y-Chromosom. Das Y-Chromosom des Mannes ist wesentlich kleiner als das X-Chromosom und trägt mit ein paar Dutzend Genen auch deutlich weniger Erbinformationen als das X-Chromosom, das mehr als 1000 Gene beizusteuern hat. Daher setzen sich oftmals im Kind die Anlagen der Mutter stärker durch.

Nur so nebenbei bemerkt: Gene, die beeinflussen, wie clever wir sind, liegen auf dem X-Chromosom. Und davon haben Frauen nun mal zwei und Männer nur eines.

Heute erscheint es uns recht unsinnig, was der griechische Philosoph und Naturforscher Aristoteles über die Zeugung und Menschwerdung zu wissen glaubte. Er meinte, allein der männliche Samen sei für die Schaffung der Seele zuständig, während die Frau mit ihrem Menstruationsblut den schwächer zu bewertenden Stoff dafür liefern würde. Das wissen wir heute besser.

Wenn wir schon dem großen Einfluss der Mutter auf unser Leben nachgehen, dann fragen Sie sich mit Recht, was denn sonst noch alles zu Ihrem Ich beigetragen hat.

◇ Wie mächtig ist jeweils der Beitrag des genetischen Codes, von Emotionen, individuellen Erfahrungen und erlernten Verhaltensweisen (Konditionierungen)?
◇ Läuft Ihr Leben in einem Korsett festgelegter Verhaltensmuster ab oder ist es eine Planungsskizze, die Sie nach eigenem Willen ausgestalten?

DER BAUPLAN DES LEBENS

Ihr Erbmaterial (DNA) lässt sich in zirka 21 000 verschieden lange Abschnitte unterteilen. Diese Abschnitte werden als Gene bezeichnet. Gene sind eine Art Informationsspeicher, in denen die Bauanleitung für die Eiweißstrukturen gespeichert ist, aus denen Ihr Körper aufgebaut ist. In jeder Ihrer Körperzellen befindet sich im Zellkern das gleiche Erbmaterial, also der gleiche Bausatz von 46 Chromosomen, die gleichen 21 000 Gene. Trotzdem sehen nicht alle Zellen gleich aus und erfüllen ganz unterschiedliche Funktionen. Der Grund dafür liegt darin, dass in den verschiedenen Zellen unterschiedliche Gene aktiv sind.

Kaum ein Forschungsgebiet legt ein so schwindelerregendes Tempo vor wie die Genetik. Beinahe täglich wird Neues entdeckt.

Jahrtausendelang tappten die Menschen, was das Wissen über Gene und Vererbung anbelangte, im Dunkeln. Etwa 500 Jahre vor Christus erklärte der Philosoph Anaxagoras, dass der Embryo im männlichen Ejakulat bereits vorgeformt (präformiert) sei. Diese Theorie galt bis in das 19. Jahrhundert hinein.

Nach der Entdeckung des Spermiums (1677) entstanden anatomische Zeichnungen, die den gesamten Embryo als Homunculus in einem Spermienkopf darstellen. Der Homunculus ist die Verkleinerungsform des lateinischen Worts »homo« (zu Deutsch: Mensch) und bedeutet Menschlein. Ein sehr nettes Wort, finden Sie nicht? Was allerdings nicht so nett war, aber der männlich dominierten Denkweise entsprach, war der gering geschätzte Anteil der Mutter an der Menschwerdung.

Erst 1865 entdeckte der Augustinermönch Gregor Johann Mendel grundlegende Mechanismen der Vererbung durch seine Kreuzungen von Erbsenpflanzen.

Gegen Anfang des 20. Jahrhunderts wurde schließlich klar, dass Vererbung auf die Verschmelzung von weiblichen und männlichen Keimzellen zurückzuführen ist: 1905 wurden die Geschlechtschromosomen X und Y entdeckt, 1953 wurde die DNA erstmals umfänglich beschrieben (englisch abgekürzt: desoxyribonucleid acid), der Träger der Erbinformation und Bauplan des Lebens.

Die »Erbgesundheitslehre« (Eugenik) hatte bereits im 20. Jahrhundert in Deutschland unter Biologen und Medizinern ihre Anhänger. Dabei ging es um die Ausmerzung von Erbkrankheiten, was seinen schaurigen Höhepunkt unter den Nationalsozialisten erreichte. Fast könnte man meinen, dass nach dem 2. Weltkrieg die Vererbungslehre zunächst wie ein heißes Eisen gemieden wurde. Stattdessen galt die Devise: Nur die Umwelt und die Erziehung zählen. Das Kind ist ein weißes Blatt Papier, das durch Eltern, Lehrer etc. beschrieben wird.

Anfang der 1980er-Jahre schlug das Pendel mit der Zwillingsforschung wieder in die andere Richtung. Vor allem die Studien an eineiigen Zwillingen, von denen manche sogar in getrennten Familien aufwuchsen, ergaben, dass die These »Das Erbe ist nichts, die Umwelt ist alles« nicht aufrechtzuerhalten war. »Gene sind unser Schicksal«, echote es nun von allen Seiten. In wöchentlichen Abständen glaubten Forscher, das »Raucher-Gen«, das »Depressions-Gen«, das »Schwulen-Gen«, das »Fremdgeh«-Gen und mehr gefunden zu haben. Im Jahr 2000 verkündete US-Präsident Bill Clinton die Entschlüsselung des menschlichen Genoms. Die Welt erwartete aus den Erkenntnissen Großartiges. Zwischenzeitlich mussten die Forscher einräumen, wer die drei Milliarden Basenpaare auslesen kann, hat noch lange nicht die Prägung eines Menschen verstanden.

EPIGENETIK – WIR STEUERN UNSERE GENE

Gesundheit, Verhaltensweisen, Charaktereigenschaften und Gehirnleistung lassen sich nachträglich verändern. Machen Sie es doch wie Ihre Gene: Seien Sie wandelbar, kreativ und dynamisch.

Neben Erbgut und Erziehung gilt aktuell die Epigenetik als dritte Komponente bei der Prägung des Menschen. Das biologische Fachgebiet umschreibt die Metaebene von Regulationen durch die Gene und räumt dabei gründlich mit der Vorstellung auf, Gene seien nicht beeinflussbar oder schicksalsbestimmend. Tatsächlich scheint unser Geist stärker zu sein. Gene steuern uns – aber wir steuern auch sie durch unser Denken, unsere Gefühle und Einstellungen.

Einzelne Gene lassen sich auf Zellebene ein Leben lang an- und ausknipsen und Veränderungen können von einem Menschen sogar bis in die dritte Generation seiner Nachkommen vererbt werden. Wirksam sind hier: Ernährung, frühkindliche Erfahrungen, Stress, positive Emotionen, Meditieren und zwischenmenschliche Beziehungen.

Wie finden Sie das? Nicht nur, was in Ihren Genen steht, ist entscheidend, sondern auch, was diese mit Ihnen erleben. Sie reagieren sensibel auf Ihre Erfahrungen und Emotionen.

UNSERE REISE BEGINNT

»Wenn du nicht an Wunder glaubst,
hast du vielleicht vergessen, dass du selbst eines bist.«

KAREN SALMANSOHN
(US-AMERIKANISCHE BESTSELLERAUTORIN)

Die Partnerwahl geht von der Frau aus. Sie ist es, die schlussendlich entscheidet, wer sie befruchten darf.

Hormonelle Verhütung hat die sexuelle Freiheit der Frau erweitert, allerdings hat das seinen Preis. Mehr als 100 Millionen Frauen schlucken weltweit täglich Verhütungspillen oder lassen sich Hormonspiralen oder -implantate einsetzen. Durch das Stoppen des Eisprungs und durch das Ersetzen des Aufs und Abs des weiblichen monatlichen Geschlechtshormonzyklus durch einen konstanten Strom von synthetisch hergestellten Hormonen bringen die Verhütungsmedikamente die natürlichen Signale durcheinander: Die künstlichen Hormone simulieren eine Schwangerschaft, was bedeutet, dass eine Frau physiologisch schon befruchtet ist und sich schwanger fühlt, ohne es zu sein.

PILLENTRIP UND PARTNERWAHL

Hat das sexuelle Interesse einer Frau normalerweise zur Zyklusmitte sein natürliches Hoch erreicht, bleibt dieses Phänomen durch die Pilleneinnahme aus.

Doch die Pille verhindert nicht nur den Eisprung und dämpft die sexuelle Lust, sie hat noch weitere Nebeneffekte.

Meinen Sie, die Zutaten geschlechtlicher Anziehungskraft beschränken sich auf Aussehen, sozialen Status und Sympathie? Dann dürfen Sie sich dem Thema gerne mal etwas mit einer primitiver angelegten Haltung nähern.

So kamen Sie wahrscheinlich lediglich deshalb zustande, weil Ihre Mutter Ihren Vater gut riechen konnte. Das lag aber weder an seinem Aftershave noch an seinem Deo. Ganz im Gegenteil. Sein Schweiß war es, der es ihr unbewusst angetan hatte. Ganz recht, die Frau wählt ihren Partner unter anderem wegen seines Schweißgeruchs aus. Dieser kann tatsächlich sexy sein (wenn er frisch ist), denn er enthält Pheromone. Das sind Duftstoffe, die unter anderem über die immunologische Verfassung eines Menschen Auskunft geben. Diese Duftinformation gleicht eine Frau instinktiv mit ihrem Immunsystem ab und checkt dabei, ob der männliche Genbeitrag für potenziellen Nachwuchs vorteilhaft wäre.

Schweizer Wissenschaftler experimentierten Mitte der 1990er-Jahre mit verschwitzten T-Shirts: Sie ließen Männer zwei Nächte lang ein T-Shirt tragen und präsentierten es anschließend den Versuchsteilnehmerinnen. Das Ergebnis: Sie rochen am liebsten an den Kleidungsstücken, deren Träger andere Immungene als sie selbst trugen.

Die Macht der Hormone zeigt sich besonders um die Zeit des weiblichen Eisprungs.

Die fruchtbaren Tage einer Frau stellen einiges mit ihr an: Sie fühlt sich selbstbewusster, attraktiver und hat mehr Lust auf Sex, sie flirtet häufiger und ist unternehmungslustiger. Interessanterweise bevorzugt sie um die Zeit des Eisprungs eher größere Männer mit markanten Zügen und tiefer Stimme. Also Typen, die gute, kräftige Nachkommen zeugen. Außerhalb ihrer fruchtbaren Phase und unter dem Einfluss von hormoneller Verhütung zeigen sich Frauen hingegen an weniger machohaften Männern mit feinen Zügen und sanfter Stimme interessiert, die eher über dieselbe immunologische Ausstattung verfügen wie sie selbst.

Halten wir fest: Frauen, die die Pille einnehmen, haben einen veränderten Geruchssinn. Sie befinden sich unter dem Eindruck einer Scheinschwangerschaft.

Dieser Zustand beeinflusst die Partnerwahl nicht zum Vorteil von potenziellem Nachwuchs. Denn für ein Kind könnte das bedeuten, dass immunologisch die Schwächen nicht ausgeglichen, sondern verstärkt werden.

Dieser Umstand kommt auch als möglicher Grund für ungewollte Kinderlosigkeit in Betracht. Die Pille wird abgesetzt, aber die Wiege bleibt leer. Häufig passen die Paare, die ein Kind wollen, weder energetisch noch emotional zueinander. Der Mann ist dann nicht per se zeugungsunfähig, sondern nur im Verbund mit einer bestimmten Frau. Umgekehrt heißt das, dass auch die Frau nicht per se unfruchtbar ist, sondern eben nur mit diesem Mann. So wehrt sich die Natur gegen möglicherweise schwächlichen Nachwuchs.

Manche Frauen beobachten nach Absetzen der Pille, dass sie ihren Partner nicht mehr so gut riechen können. Das ist nachvollziehbar, da sich das olfaktorische Erkennungssystem wieder in seine Ausgangslage zurückbildet.

Ob und wie Ihre Mutter verhütet hat, wollen Sie vielleicht besser gar nicht wissen. Deswegen rate ich hier ausnahmsweise einmal von einer tiefer gehenden Recherche ab.

Jungs fangen erst ab der Pubertät an, ihre Spermien zu bilden, und das von da ab immer wieder aufs Neue, ganz nach Bedarf und sehr großzügig: In den Hoden können sich aus Stammzellen mehr als 1200 Spermien pro Sekunde bilden, das sind knapp 104 Millionen pro Tag. Im Gegensatz dazu kommt ein weibliches Baby schon mit seinem Komplettbestand an Eiern auf die Welt!

Stellen Sie sich das bitte einmal vor: Ihre Eizelle befand sich schon im Bauch Ihrer Großmutter mütterlicherseits!

Wie das? Ein weiblicher Fötus im Alter von 20 Wochen verfügt bereits über sechs bis sieben Millionen Eizellen.

Eine Eizelle ist die größte menschliche Zelle. Sie zeigt ein kooperatives und fürsorgliches Verhalten. Sie ist der Inbegriff der Mütterlichkeit. Die Eizelle kann sogar fehlerhafte Samenzellen reparieren.

In der Praxis bedeutete das in meinem Fall: Meine Großmutter wurde während der Wirren des Zweiten Weltkriegs mit meiner Mutter schwanger und musste flüchten. Meine Eizelle flüchtete gegen Ende des Krieges mit, im Bauch meiner Mutter, die sich einst im Bauch meiner Großmutter befunden hatte.

Wie war das bei Ihnen? Kennen Sie Ihre Großmutter mütterlicherseits? Können Sie die Omas aus der väterlichen und mütterlichen Linie noch miteinander vergleichen? Mit welcher der beiden haben Sie größere Ähnlichkeiten? Die weibliche Linie Ihrer Ahnen ist die stärkere, die, mit der Sie bereits seit der dritten Generation stofflich direkt verbunden sind.

Was wissen Sie über die Schwangerschaft Ihrer Großmutter mit Ihrer Mutter? Das sind Ihre ersten stofflichen Wurzeln! Zeit für eine Recherche. Der Schlüssel dazu ist meist Ihre Mutter oder noch besser die Großmutter, sofern noch erreichbar.

ES GEHT LOS! – DIE BEFRUCHTUNG

Nachdem Ihre Eltern (hoffentlich) Spaß miteinander hatten, begann für die Spermien Ihres Vaters die Arbeit. Etwa 200 bis 400 Millionen männliche Keimzellen erklimmen in 24 Stunden den weiblichen Eileiter. Hatte die Frau beim Sex einen Orgasmus, dann haben die Spermien noch einen richtigen Schub mitbekommen. Der untere Teil der Vaginalwand wird bei der sexuellen Klimax mit Blut gefüllt und bildet die orgastische Manschette. Das wirkt auf den Penis und die herausschießenden Samen wie ein Sog tief in das Innere der Frau.

Im Idealfall wartet im Eileiter ein befruchtungsfähiges Ei wie das Dornröschen auf seinen Prinzen. Nur 0,00001 Prozent der Spermien erreichen das Ziel. Ist kein Ei parat, können sie sich noch bis zu fünf Tage gedulden. Schließlich erobert meist nur ein einziges Spermium die Eizelle und küsst sie wach.

Im Eileiter entsteht zunächst aus der Eizelle und dem Siegerspermium die Zygote. Sie enthält genau zwei Chromosomensätze, einen mütterlichen und einen väterlichen. Erst etwa 30 (!) Stunden danach teilt sich die befruchtete Eizelle zum ersten Mal – das wiederholt sich von nun an etwa alle 20 Stunden.

Waren Sie ein Kind der Liebe? In welchem emotionalen Klima wurden Sie gezeugt? Sind Sie bewusst oder aus Versehen entstanden?

Die Morula ist das nächste Entwicklungsstadium des neuen Lebens. Ungefähr vier Tage nach der Befruchtung entsteht ein winziger kugeliger Zellhaufen aus 16 bis 32 Zellen, der nach den ersten Teilungen aus der Zygote hervorgegangen ist. Zu diesem Zeitpunkt befindet sich die Morula in der Regel immer noch im Eileiter auf Wanderschaft in Richtung Gebärmutter. Das werdende Leben ist zunächst noch von einer Schicht aus Glykoproteinen umgeben zum Schutz vor einer Einnistung im Eileiter und vor dem Immunsystem der Mutter.

DA HAT SICH JEMAND EINGENISTET

»Das meiste haben wir gewöhnlich in der Zeit getan, in der wir meinten, zu wenig zu tun.«

MARIE VON EBNER-ESCHENBACH (DICHTERIN UND 1. WEIBLICHE EHRENDOKTORIN DER UNIVERSITÄT WIEN)

Die Einnistung beginnt zwischen dem fünften und sechsten Tag und dauert bis zum Ende der zweiten Entwicklungswoche an. Im Klartext bedeutet das, Sie waren als kleiner Eindringling nur überlebensfähig, weil Sie das mütterliche Abwehrsystem ausgetrickst haben. Im Grunde ist ein Kind im weiblichen Organismus ein Parasit oder eine Art »Trojanisches Pferd«, das sich tarnt, um in den sicheren, schützenden mütterlichen Leib eingelassen zu werden. Eine versöhnende Schnittmenge zwischen Mutter und Kind ist dann der Mutterkuchen (Plazenta).

Zirka vier Tage nach der Befruchtung kommt es zu einer Differenzierung der inneren und äußeren Zellen der Morula – Sie erinnern sich, das Zellhäufchen des beginnenden Lebens. Das nächste Entwicklungsstadium ist damit erreicht.

Der Mutterkuchen war unser allererstes Organ. Sie haben richtig gelesen: Die Plazenta ist ein Organ des Kindes.

Nun teilt sich die Blastozyste (Keimblase) in den Embryoblast und den Trophoblast (die äußere Zellschicht der Blastozyste). Aus Letzterem entsteht wiederum die Plazenta. Korrekterweise müsste der Mutterkuchen Kinderkuchen heißen. Dieses zum kindlichen Organismus gehörende Gewebe dockt an der Gebärmutterwand an und wird durchzogen von Blutgefäßen der Mutter und des Kindes. Ab der vierten Schwangerschaftswoche, sobald das Herz des Kindes zu schlagen beginnt, wird es von den sogenannten Mutterkuchen versorgt. Ab der neunten Woche sind die anderen Organe angelegt. Aus dem Embryo ist ein Fötus geworden. Über die Plazenta steht der kleine Eindringling nun mit dem Blutkreislauf der Mutter in Verbindung, erhält Nährstoffe und Sauerstoff und gibt Stoffwechselprodukte ab.

War der Embryo zunächst für seine Entwicklung selbst verantwortlich, verliert er in dem Moment seine Autonomie, in dem die Plazenta diese Aufgabe übernimmt.

Eine Mutter behält sich allerdings schon noch ein paar Vetomöglichkeiten vor: Wenn unsere Anwesenheit zu belastend für sie gewesen wäre, dann hätte sie uns in den ersten sechs Wochen austreiben können, indem sie die Produktion des Schwangerschaftshormons Progesteron gedrosselt oder abgeschaltet hätte. Bei chronischem und schwerwiegendem – nicht nur durch die Schwangerschaft bedingtem – Stress wägt die Körperintelligenz ab, ob eine Frau überleben oder fruchtbar sein soll. Es ist naheliegend, sie entscheidet sich eher für Ersteres.

Ab etwa der sechsten Schwangerschaftswoche versorgten wir uns jedoch durch unsere Plazenta selbst mit Progesteron und entzogen damit der Mutter ihr Vetorecht. Allerdings verfügt eine Mutter stets über sehr starke und ausgeprägte Kontrollmechanismen, die beispielsweise darauf aufpassen, dass von dem Muster der üblichen 46 Chromosomen nicht abgewichen wird. Nur einige wenige spezielle Arten von fehlerhaften Chromosomen entgehen der mütterlichen Kontrolle und können die Entwicklung während der gesamten Schwangerschaft überdauern. Das führt dann dazu, dass ein Kind mit gesundheitlichen Einschränkungen zur Welt kommt (zum Beispiel Down-Syndrom/Trisomie 21 oder Ullrich-Turner-Syndrom).

BAUM DES LEBENS: DIE PLAZENTA

Die Plazenta besteht aus dunkelrotem, schwammigem Gewebe mit bäumchenartig verzweigten großen und kleinen Blutgefäßen. Über die Nabelschnur ist der Mutterkuchen mit dem ungeborenen Kind verbunden.

Durch die anatomische Struktur der Plazenta wird zwischen dem mütterlich zugewandten Anteil (Dezidua) und dem embryonalen Anteil (Chorion) getrennt.

Glücklicherweise hört der Mutterkuchen auf zu wachsen, sobald er etwa ein Drittel der Gebärmutterwand durchdrungen hat. Andernfalls würde sich die Plazenta in der Mutter wie ein bösartiger Tumor gebärden, unbegrenzt wuchern und sogar irgendwann zu ihrem Tod führen. Exakt von dem Augenblick an – dem 56. Tag –, an dem die kindliche Bauchspeicheldrüse die Enzyme Trypsin und Chymotrypsin zu bilden beginnt, verdauen diese die Schutzoberfläche der Plazentazellen und enttarnen sie für die Arbeit des mütterlichen Immunsystems. Jetzt verhindern die Thymus-Lymphozyten der Mutter die weitere Invasion von Plazentazellen, indem sie diese als fremd-aggressiv erkennen und kurzerhand abtöten. Ab jetzt wächst die Plazenta nicht mehr tiefer in die Gebärmutterwand hinein. Bis zur 14. Schwangerschaftswoche erreicht sie so ihre endgültige Struktur. Gegen Ende der Schwangerschaft ist die Plazenta etwa tellergroß, drei Zentimeter dick und zirka 500 Gramm schwer.

Etwa 10 bis 20 Minuten, manchmal auch erst eine Stunde nach der Geburt des Kindes wird die Plazenta geboren. Sie ist dann noch eine Weile voll funktionstüchtig. Deswegen ist es mehr als eine Unsitte, ein Kind sofort abzunabeln. Erfahrene Hebammen berichten von Kindern mit mangelhaften Vitalzeichen, denen auch unter primitiven Bedingungen geholfen werden konnte, solange sie noch über die Nabelschnur mit der

Plazenta verbunden waren. War die Nachgeburt geboren, wurde sie erst mal in warmes Wasser gelegt, was die Neugeborenen stabilisiert hat.

Spätestens zwei Stunden nach der Geburt fließt über die Nabelschnur kein Blut mehr zum Neugeborenen. Bis dahin hat die Plazenta genug Zeit gehabt, ihre Gefäße zu schließen. Die Druckverhältnisse in ihren Gewebeschichten lassen keine Stoffe mehr ein- oder austreten. Der Mutterkuchen dichtet sich ab.

Die Plazenta ist das am wenigsten wissenschaftlich untersuchte Organ des Menschen. Zwischenzeitlich haben Forscher herausgefunden, dass sich in der Plazenta ein großer Anteil von Stress hemmenden Hormonen befindet, die die Ausschüttung von Glückshormonen (Endorphinen) anregen, außerdem auch Oxytocin, Wachstums- und andere Hormone sowie Vitamine, Aminosäuren, Nukleinsäuren, Enzyme sowie Prostaglandine, die Nachblutungen stoppen können. Der Inhalt an Wirkstoffen in einer geborenen Plazenta hängt auch von dem Modus des Abnabelns ab. Ein Baby, das gleich nach seiner Geburt durch Kälte, Schrecken oder Angst zum Schreien gebracht wurde, erzeugt mit dem plötzlichen tiefen Atemzug einen Überdruck in seinen Nebennieren, wodurch sehr viele Stresshormone ausgeschüttet werden. In seiner Plazenta lässt sich dann ein höherer Stresshormongehalt ablesen. Der Anteil an Wachstumshormonen dagegen ist niedriger.

Leider hat sich die Wissenschaft bisher noch kaum bemüßigt gefühlt, die Wirkung der Plazenta als Arzneimittel zu erforschen. Noch im 16. Jahrhundert wurde auch in Europa ein Stück Plazenta in die erste Mahlzeit einer Wöchnerin hineingeschnitten. Der Brauch, als erste Mahlzeit eine Hühnersuppe mit einem Stück Plazenta zu verabreichen, ist heute immer noch in manchen Regionen üblich. Erfahrungsberichte von Müttern zeugen von zahlreichen positiven Einflüssen auf die Stimmung, den Eisenstatus, die Milchbildung, die Rekonvaleszenz und die allgemeine Energie.

Unter den alten Volksheilmitteln waren »Plazenta-Pulver« und »Plazenta-Essenz« noch bis zum Ende des 19. Jahrhunderts in vielen Haushalten vorrätig. Alle Apotheker im deutschsprachigen Raum verfügten über »ein Töpfchen mit diesem Pulver«, wie aus Inventarverzeichnissen hervorgeht. Ein Getränk aus Weißwein und Honig mit Plazenta-Pulver oder einem Stück Plazenta-Gewebe sollte die Austreibung der Nachgeburt verstärken. Erst mit Beginn des 20. Jahrhunderts ist der Gebrauch von Plazenta-Pulver allmählich in Vergessenheit geraten. Unsere Ur- und Großmütter kannten aber meist noch die Hausmittel aus dem Mutterkuchen. Derzeit erleben Plazenta-Heilmittel einen Trend unter Hebammen und Promimüttern.

Fast überall in Europa gab es außerdem den Brauch, die Plazenta nach der Geburt unter einem Obstbaum zu begraben. Da Bäumen ein Geschlecht zugeordnet wurde, wählte man einen Apfelbaum für ein Mädchen und einen Birnbaum oder Nussbaum für einen Jungen. In Teilen Asiens und Afrikas verehrten die Menschen den Mutterkuchen als Zwilling oder Geist des geborenen Kindes. Die innigere Verbindung zum Kind zeigt sich noch heute in Indonesien vor allem darin, dass die Plazenta als Bruder beziehungsweise Schwester des Neugeborenen bezeichnet wird. Diese Rituale und Überlieferungen zeigen Respekt und Achtung gegenüber dem Teil des Kindes, der die Verbindung zur Mutter geschaffen hat, den es nun außerhalb des Mutterleibes nicht mehr benötigt.

Wenn Sie sich ein Kind wünschen, was soll nach seiner Geburt mit seiner Plazenta geschehen?

Diese Haltung ist vielerorts verloren gegangen. Die Plazenta landet nach der Geburt achtlos im Müll, sofern sich die Eltern nicht ausdrücklich dagegen aussprechen. Bis vor Kurzem wurde sie noch ungefragt weitergegeben und kommerziell ausgeschlachtet. Was ist mit Ihrem »Zwilling« geschehen?

KONFLIKTPOTENZIAL VON ANFANG AN

Der Beginn jeder Mutter-Kind-Beziehung startet, wie Sie bemerkt haben, alles andere als einfach! Ganz im Gegenteil: Es ist ein erbitterter Kampf. Auch für Sie ging es um Leben und Tod. Etwa ein Fünftel aller Schwangerschaften endet in einer Fehlgeburt, meistens während der ersten drei Monate. Am häufigsten kommt es vor der fünften Woche dazu, meist noch bevor die Frau überhaupt merkt, dass sie schwanger ist. Dementsprechend wird der Abort nicht als solcher wahrgenommen und mit einer starken Monatsblutung verwechselt.

Sie dagegen haben Ihre Mutter, genauer gesagt Ihr Immunsystem, erfolgreich getäuscht. Damit haben Sie sich selbst und auch Ihren Nährboden (die Plazenta) geschützt. Sie mussten sich wie ein Dieb verkleiden und einschleichen, anderenfalls hätte Ihre Mutter Sie hochkant hinausgeworfen.

TRICKS UND TÄUSCHUNG

- *Rivalität: Ihre Mutter wollte zu keiner Zeit freiwillig mit Ihnen teilen. Zumindest nicht von Anbeginn. Aber Sie haben gewonnen. Ihre Mutter musste sich geschlagen geben und Rücksicht auf Sie nehmen, um Ihnen den Start in Ihr Leben zu ermöglichen.*
- *Frieden durch Grenzen: Ihre Plazenta hatte zunächst Ähnlichkeiten mit einem Krebstumor. Erst die Enzyme Ihrer kindlichen Bauchspeicheldrüse erlaubten dem Immunsystem Ihrer Mutter, das Plazentawachstum zu begrenzen. Können Sie aus dieser Startgeschichte für sich irgendetwas ableiten?*

Mutter-Kind-Verhältnisse sind naturgemäß eng, aber nicht zwangsläufig innig. Eine Menge Konfliktpotenzial war von Anfang an Teil des Programms!

Wenn es um ihre Kinder geht, liegt es in der Natur der Mütter zu sorgen, aber auch zu kontrollieren und unaufhörlich kritisch zu bewerten. Das werden Sie niemals ändern!

Wann haben Sie zuletzt kreativ getrickst, um sich Ihren Platz zu erobern? Auch wenn Sie sich noch so lauter und integer vorkommen, zumindest Ihr Start ins Leben war alles andere als das. Bei der Rivalität um Territorium und Ressourcen führen Grenzen, also Abgrenzung und Begrenzung, zu friedlicher Koexistenz. Das hat damals Ihre Plazenta für Sie erledigt.

Wie machen Sie das denn heute so? Gibt es in Beziehungen mit anderen Menschen genügend Puffer oder Schnittmengen, die Kompromisse ermöglichen, aber gleichzeitig auch klar definierte Grenzen, die Sie verteidigen und andererseits auch bei Ihrem Gegenüber respektieren?

DER ERSTE BEGRIFF VON HEIMAT

Sobald sich unsere Mutter mit uns arrangiert hatte, waren wir erst mal in Sicherheit. Die Außenwelt, für die wir noch nicht bereit waren, wurde durch sie gefiltert. Wir lebten in einer Blase, in einem flüssigkeitsgefüllten Raum. Im Fruchtwasser konnten wir uns frei bewegen, waren vor Infektionen geschützt und gediehen in einer gleichbleibenden Umgebungstemperatur.

Fruchtwasser enthält zum Beispiel Hormone, Proteine, Harnstoff, Elektrolyte und Stammzellen. Je nach Ernährung und Stimmung der Mutter schmeckt das Fruchtwasser unterschiedlich. Nach zwölf Wochen sind aus unseren Geschmackssensoren Geschmacksknospen geworden. Wir standen nicht nur über die Haut im Austausch mit dem Fruchtwasser, sondern schluckten es täglich. So nahmen wir alle möglichen Informationen auf. Es schmeckte nach den Gefühlen und Vorlieben unserer Mutter.

Über die Plazenta und das Fruchtwasser erreicht ein Teil dieser Gefühlsboten auch den kleinen Organismus des Kindes. Ist die Mutter entspannt, glücklich und freut sich, kommt das beim Baby an. Endorphine und andere Glückshormone strömen dabei zum Ungeborenen.

Wenn die Mutter lacht, werden ihre Stimmbänder und Bauchmuskeln und das Zwerchfell angeregt, dabei steigen Blutdruck und Sauerstoffgehalt im Blut und der Unterbauch vibriert, was beim Baby zu einem lustigen Schaukeln in seiner Fruchtblase führt.

ICH FÜHLE, WAS DU FÜHLST

Wissenschaftler fanden heraus: Die Rezeptoren für die Glücksbotenstoffe sind im embryonalen Gehirn früh und gut ausgereift. Im Versuch ergaben Beobachtungen der Gehirnströme von Ungeborenen, dass die Ausschläge der Kurven kleiner wurden, wenn sich die werdende Mutter (ab etwa der 20. Schwangerschaftswoche) auf Anweisung hin eine besonders schöne Situation vorstellte. Das bedeutet, dass das werdende Kind diese schönen Gedanken im Bauch mitgenießen kann.

Allerdings konnten medizinische Forscher bei Messungen des Nabelschnurblutes auch feststellen: Mit einer Verzögerung von nur wenigen Pulsschlägen erreicht auch ein erhöhter Stresspegel der Mama das Ungeborene. Auf Stress reagieren Babys im Mutterleib unterschiedlich: Die einen werden unruhig, die anderen machen sich klein und ziehen Arme und Beine dicht an den Körper heran.

Geschützt zu sein bedeutet also nicht, isoliert zu sein. Unsere Empfindungen und die unserer Mütter lösten Rückkopplungen aus: Ich spüre, was du spürst. Das ist die Grundlage von Empathie.

FRAGEN AN SIE

- ◇ Was verbinden Sie heute mit den Begriffen Heim, Heimat und Zuhause?
- ◇ Gibt es einen Ort – eine Blase – für Sie, wo Ihr Schlüssel ins Schloss passt, sich Ihr WLAN automatisch verbindet, Sie den Bauch nicht einziehen müssen? Dort, wo Zahnbürste und Pantoffeln stationiert sind, jemand auf Sie wartet, sich auf Sie freut, Sie liebt, wo Sie willkommen sind, wo Sie zur Ruhe kommen, wo es immer eine eiserne Reserve an Schokolade und Grappa gibt?
- ◇ Gibt es noch ein Elternhaus oder eine Wohnung, in der die Eltern wohnen? Wenn Ihre Mutter die Türe öffnet, Sie hereinlässt, was geht in Ihnen vor?

FRÜHE ERINNERUNGEN

Wenn Sie glauben, das Gedächtnis sei so etwas wie ein Videofilm, der unbestechlich und unveränderlich Vergangenes abspult, dann täuschen Sie sich. Ohne dass Sie es merken, werden Erinnerungen immer wieder neu geschrieben und umgeformt. Ein Videofilm gibt die Originalversion wieder, unser Gehirn macht durch seine Überarbeitung ein persönliches Kunstprojekt daraus. So intensiv Erinnerungen auch sein mögen – sie sind immer nur Momentaufnahmen, sozusagen Schnappschüsse, garniert mit Ihren Sinneseindrücken und Gefühlen.

Prägen frühkindliche Erfahrungen späteres Verhalten? Lange wurde das bezweifelt, mit dem Hinweis, dass das frühkindliche

Gehirn noch nicht zu einer entsprechenden Informationsverarbeitung in der Lage wäre. Es ist nicht voll entwickelt, ausgereift und verschaltet.

Babys besitzen zwar bereits die Fähigkeit, sich zu erinnern. Allerdings bleiben Erlebnisse bei sechs Monate alten Säuglingen lediglich für etwa 24 Stunden im Gedächtnis. Sind sie neun Monate alt, steigt das Erinnerungsvermögen auf einen Monat an. In den nächsten Monaten und Jahren nehmen diese Erinnerungszeiträume weiter zu. Die Entwicklung eines Langzeitgedächtnisses, das uns erlaubt, Erlebnisse und Erfahrungen, die Jahre zurückliegen, abzurufen, dauert aber noch einige Zeit. Deshalb gibt es an die ersten drei bis vier Lebensjahre keine (bewusste) Erinnerung und meist nur wenige an das fünfte und sechste Lebensjahr.

Gedächtnis ist aber nicht nur an ein erinnerungsfähiges Gehirn gebunden. Das Kind interagiert bereits sehr früh im Mutterleib. Das hinterlässt Spuren. Jede Zelle, jedes Organ, jedes System hat ein eigenes durch jeweilige bisher gemachte Erfahrungen herausgeformtes Gedächtnis. Es gibt ein Immungedächtnis, ein Darmgedächtnis, ein Kollektivgedächtnis etc.

Die Erfahrungen im Mutterleib und in der frühen Kindheit erzeugen ein inneres Erinnerungsbild, das später wieder aktiviert und wachgerufen werden kann.

Gerald Hüther, Hirnforscher und Sachbuchautor, schreibt hierzu in einem Beitrag zu dem Buch *Die Anfänge der Eltern-Kind-Bindung*: »Erst relativ spät erwerben Kinder die Fähigkeit, gemachte Erfahrungen in Form innerer Bilder zu erinnern und in einer Weise mitzuteilen, die von anderen verstanden wird. Alle davor im Säuglingsalter oder bereits intrauterin (in der Gebärmutter) gemachten Erfahrungen sind daher zwar im Gedächtnis der Zellen, einzelner Organe, einzelner Hirnbereiche oder des ganzen Körpers abgespeichert. Sie können jedoch nicht bewusst explizit erinnert oder mitgeteilt werden, kommen jedoch später bisweilen auf ›implizite‹, zum Beispiel körperliche Weise zum Ausdruck. (…)

Dann ließen sich auch später, wenn die Fähigkeit zum bewussten Erinnern voll ausgereift ist, diese früh entstandenen inneren Bilder abrufen, wenn auch unter Umständen nur noch bruchstückhaft, sehr verschwommen und vorwiegend über Körperempfindungen.«

In jeder Zelle Ihres Körpers, nicht nur in den Gehirnzellen, sind Erinnerungen gespeichert. Darin sind die Umstände Ihrer Zeugung, Ihrer Empfängnis, Ihrer Geburt sowie Ihrer Kindheit und Jugend konserviert. Erinnerungen gehen weit über reine Gedächtnisleistungen hinaus, sie sind individuelle Kunstwerke. Erinnerungen schaffen Bewusstsein, sie waren und sind an Ihrer Menschwerdung beteiligt.

Provozieren Sie Erinnerungen. Schaffen Sie Zeit und Raum dafür. Graben Sie ruhig ein bisschen. Fotos, Gerüche, Orte, Menschen können eine Brücke sein. Zeit verläuft immer nur in eine Richtung, und zwar vorwärtsgewandt. Wenn wir uns erinnern, dann machen wir eine Zeitreise in die Vergangenheit. Sie stellen damit eine physikalische Gesetzmäßigkeit auf den Kopf.

Achten Sie bei Ihren Erinnerungen auf die dabei entstehenden Körperempfindungen, die Gefühle, die hochkommen. Das ist einer der Schlüssel in eine sehr frühe Vergangenheit.

Was spüren Sie, was fühlen Sie, was empfinden Sie, wenn Sie sich erinnern?

FREIWILLIGER AUSZUG ODER ZWANGSRÄUMUNG

»Es ist Schmerz, sagt der Augenblick. Es ist viel Sorge, sagt die Angst. Es ist ein Wunder, sagt das Herz. Es ist das größte Glück, sagt die Liebe. Es ist mein Kind, sagt die Mutter.«

EINE UNBEKANNTE MUTTER

Welche Faktoren es genau sind, die das Startsignal für die Geburt geben, ist noch nicht klar. Sicher ist, dass es vom Kind ausgeht. Unter anderem durch eine fein abgestimmte Kommunikation zwischen fetalen und mütterlichen Hormonen.

Eine zentrale Rolle für den Beginn der Geburtswehen spielt das Oxytocin. Dieses Hormon ist mit vielfältigen Wirkungen ausgestattet, eine körpereigene Droge und auch Werkzeug im Dienste der Medizin. Kurzum, ein tolles Zeug: Kuschel- und Lusthormon, aber auch Austreibungshormon bei der Geburt. Das hat durchaus ambivalentes Potenzial. Kurz vor der Geburt nimmt die Dichte von Oxytocinrezeptoren an den Zellen des Gebärmuttergewebes zu. Das Hormon dockt hier an und löst so das Einsetzen von Geburtswehen aus. Bei der Geburt steigt die Oxytocinkonzentration ständig weiter an. Die Wehentätigkeit verstärkt sich dadurch bis hin zu den Presswehen, die das Baby schließlich ins Licht der Welt schieben.

Der Name des Hormons setzt sich zusammen aus den altgriechischen Wörtern »ōkys« = »schnell« und »tokos« = »Geburt«: »okytokos« = »leicht gebärend« oder »schnelle Geburt«.

Während der Körper diese Wunderhormondroge ausschüttet, werden auch schmerzstillende Substanzen in Form von Endorphinen und Encephalinen (körpereigene Opiate) produziert. Diese führen zu einem Gefühl von Befriedigung, Wohlbefinden und Euphorie. Der Begriff Endorphin entstammt der Wortkreuzung »endogenes Morphin«, denn es handelt sich bei ihm um ein vom Körper selbst produziertes Opioid. Es ist 200-mal stärker als das Morphium der Schlafmohnpflanzen! Endorphine sind damit die stärksten Schmerzmittel, die es gibt. Sie heißen auch »Glückshormone«, weil sie für das »Highgefühl« zuständig sind, zu dem es auch beim Orgasmus kommt.

Oxytocin senkt darüber hinaus aber auch den Spiegel des Stresshormons Cortisol und wirkt von dieser Seite her beruhigend und angstlösend während einer Geburt. Das ist wichtig, anderenfalls würden die Stresshormone die Endorphine regelrecht »auffressen«.

Das Hormon kann auch künstlich hergestellt werden. Es findet Verwendung in der Geburtshilfe, etwa zur Geburtseinleitung, bei vorzeitigem Blasensprung mit Wehenschwäche und zur Unterstützung der Wehen in der Nachgeburtsphase zur Beschleunigung der Plazentaablösung.

Die Einleitung der Geburt mit intravenös verabreichtem Oxytocin oder Prostaglandin ist die häufigste angewandte Methode weltweit!

Allerdings fehlen bei künstlichen Hormongaben die wunderbaren zusätzlichen körpereigenen Opiate. Auch das Feintuning von wann und wie viel bekommt kein Arzt so präzise wie der Körper hin. Vor, während und nach der Geburt kommen Dosierungen zum Einsatz, die wohl kaum exakt dem individuellen Bedarf der Mutter entsprechen!

Die Folge ist oft ein überwältigender »Wehensturm«, den die Gebärende kaum noch kontrollieren kann. Das Kind wird mit aller Wucht ins kleine Becken gedrückt und kann sich nicht immer richtig in den Geburtskanal drehen – es bleibt mitunter sogar stecken und kann deswegen traumatisiert werden. Nicht selten müssen eingeleitete Geburten invasiv mit einem Kaiserschnitt beendet werden.

Natürlich wird die Ankunft eines Babys von allen Seiten ungeduldig erwartet, am ungeduldigsten oft von der Mutter selbst, die in den letzten Wochen schwer zu tragen hat und nicht mehr gut schläft. Ist der errechnete Geburtstermin dann überschritten oder besteht der Verdacht, dem Kind gehe es nicht mehr so gut, werden Ärzte aktiv, um das Kind »zu holen«: Die Geburt wird eingeleitet, Zwangsräumung also. Im Zweifelsfalle haben die Sicherheit von Mutter und Kind Priorität.

Was uns allerdings nachdenklich machen sollte: Entgegen der im Jahr 2018 veröffentlichten Empfehlung der Weltgesundheitsorganisation (WHO Recommendations: Intrapartum Care for a Positive Childbirth Experience)), in der davon abgeraten wird, ohne medizinische Not in eine Geburt einzugreifen, bewegt sich die moderne klinische Geburtshilfe jedoch immer weiter von dem durch die Natur milliardenfach erprobten Geburtskonzept weg. Neuere Studien wollen sogar nachweisen, dass eine routinemäßige Geburtseinleitung eine Woche vor dem errechneten Termin einen »Nettogewinn« darstelle. »Diese Information gelte es nun den Frauen richtig und ohne ihnen Angst zu machen zu erklären«, meinte der Direktor einer Schweizer Klinik für Geburtshilfe. »Erklären« müsste in diesem Zusammenhang wohl treffender »weismachen« heißen! Wenn das Ziel darin besteht, dass Ärzte Frauen von ihrem Kind entbinden und Babys aus Bäuchen befreien und nicht darin, dass Frauen ihr Kind gebären, dann hat der geschäftstüchtige Direktor wohl leider recht.

Bei künstlicher Überdosierung kommt es auf jeden Fall zu einer Herabregulation der Oxytocinrezeptoren. Das hinterlässt einen verwirrenden ersten Eindruck auf das Neugeborene. Man kann in diesem Zusammenhang auch weitreichende Konsequenzen nicht ausschließen. Diese betreffen im Erwachsenenleben den Umgang mit Belastungen in Beziehungen oder mit ambivalenten Gefühlen bei positiven Ereignissen: »Ja, das ist schon schön, aber ...«

Es häufen sich die Hinweise, dass sich künstliches Oxytocin ungünstig auf die Mutter-Kind-Bindung auswirken kann und es öfter zu Stillschwierigkeiten und zu exzessivem Schreien im Säuglingsalter kommen kann.

Oxytocin beeinflusst also nicht nur auf der körperlichen Ebene. Wissenschaftlichen Untersuchungen zufolge steigert es die Entwicklung von Vertrauen, emotionale und soziale Kompetenz sowie die Bindungsfähigkeit. Forscher bezeichnen die Studienergebnisse als einen ersten Baustein, um die biologischen Grundlagen von Vertrauen zu ergründen.

Bei Autisten, die kaum oder erschwert emotionalen Kontakt zu ihren Mitmenschen herstellen können, lassen sich niedrigere Konzentrationen von Oxytocin im Blut nachweisen als bei psychisch gesunden Menschen. Deshalb diskutiert und testet man seit einigen Jahren den therapeutischen Einsatz von Oxytocin. Überlegt wird dieses Vorgehen auch bei weiteren Krankheitsbildern, bei denen die sozialen Kompetenzen geschwächt sind: etwa bei Angststörungen (vor allem sozialer Phobie), bei Borderline-Persönlichkeitsstörungen oder Schizophrenie. Welche Auswirkung die frühkindliche Konfrontation mit hohen Oxytocingaben bei der Ausbildung psychischer Störungen hat, ist noch nicht geklärt.

Es ist erschütternd, bei wie vielen Geburten routinemäßig »nachgeholfen« wird. Das sind die Kinder, die auf die Welt gesetzt werden, denen es nicht vergönnt wird, ihrem eigenen Tempo und ihrer Entwicklung gemäß den Auszug zu bestimmen. Der Anfang der Fremdbestimmung und der Einmischung.

Haben Sie Ihre Mutter darüber befragt? Haben Sie eine innere Ahnung hierüber?

FRAGEN AN SIE

- ◇ Wie waren die Umstände Ihrer ersten Loslösung? Ein Kampf, Rausschmiss oder ein freiwilliger Auszug?
- ◇ Wurde Ihr kindliches Mitspracherecht gebührend berücksichtigt?
- ◇ Durften Sie sich die Zeit lassen, die Sie benötigten, oder hat der Arzt oder Ihre Mutter bestimmt, wann es an der Zeit war auszuziehen?
- ◇ Was wissen Sie über den Verlauf Ihrer Geburt? Kam es zum Beispiel zum Einsatz von Oxytocin?

NABELSCHAU UND INNERE MITTE

Nabelschnüre sind sehr clevere Konstruktionen. Sie sind verwirbelt und in dicke Sulze verpackt, damit die zarten Blutgefäße darin nicht abgeklemmt werden. Ihr Standardmaß beim reifen Kind beläuft sich auf 70 Zentimeter. Es gibt aber auch Abweichungen zwischen 20 und 120 Zentimetern.

Mit dem Einzug des aktiven Geburtsmanagements der 1970er-Jahre, das zeiteffizientes Arbeiten vorsieht, hat sich die Praxis des sofortigen Abnabelns durchgesetzt. Das ist praktisch für das Kreißsaalmanagement – aber blöd für das Kind! Empfehlungen variieren weltweit zwischen unter einer bis maximal drei Minuten. Kaum erblickt das Baby das Licht der Welt, folgt in den meisten Kliniken innerhalb der nächsten Sekunden beinahe reflexartig der Griff zu Klemme und Schere, um die Nabelschnur zu durchtrennen.

Direkt nach der Geburt befindet sich aber noch ungefähr ein Drittel des Bluts des Babys in der Plazenta. Je früher abgenabelt wird, desto höher ist der Blutverlust (also die Menge an Blut, die in der Plazenta verbleibt) für das Baby. Beim frühen Abnabeln sind es zirka 30 bis 60 Milliliter, manchmal sogar mehr. Im Vergleich würde das beim Erwachsenen zirka 600 bis 1200 Milliliter Blut ausmachen! Die Sauerstoffversorgung des Neugeborenen ist so erschwert, weil weniger eisenhaltiger roter Blutfarbstoff (Hämoglobin) zur Verfügung steht. Um die Atmung zu verbessern, setzt man die Babys deswegen oft zusätzlicher Stimulation (durch einen »Klaps auf den Po« oder anderen eher rohen Methoden) aus.

Ein herzliches Willkommen in dieser Welt stelle ich mir anders vor. Bei diesen Neugeborenen wurde im weiteren Entwicklungsverlauf eine langsamere Gewichtszunahme, Trinkfaulheit und Unruhe festgestellt.

Die Art der Abnabelung wirkt nicht nur auf den Gesundheitszustand des Neugeborenen und die Zusammensetzung der Plazenta, sondern auch auf das Familienleben mit dem Neugeborenen.

Wird das Abnabeln verzögert, bis die Nabelschnur aufhört zu pulsieren, wird das Baby mit der optimalen Menge an Blut und obendrein einem ordentlichen Zuschuss an Stammzellen versorgt. Das kann zwischen drei und sieben Minuten, aber mitunter auch deutlich länger dauern. Stellen Sie sich vor, Sie haben soeben einen anstrengenden Marathonlauf hinter sich gebracht und möchten wieder zu sich kommen, gerne etwas trinken, die vollbrachte Leistung genießen und sich zu Hause erholen. Stattdessen wird Ihnen eiligst eine noch nicht ausgetrunkene Trinkflasche entrissen. Es wird Ihnen untersagt, gleich heimzugehen. Sie werden herumgereicht, gestylt, gestresst, vermessen, gewogen, geängstigt und gehetzt. Eine hässliche Vorstellung.

Genau das wurde über viele Jahre nach Geburten praktiziert. Als ob Abnabeln, Untersuchen, Vermessen, Wiegen, Baden und Anziehen keinen weiteren Aufschub duldeten.

Das Baby und die Mutter sind durch die Gebärmutterschleimhaut voneinander getrennt – wenn man dies überhaupt eine Trennung nennen kann – und niemals durch eine geteilte Nabelschnur. Schneidet man diese durch, trennt man das Kind also zunächst von sich selbst beziehungsweise von einem seiner Organe – der Plazenta. Selbstredend, dass diese Trennung erst zu einem Zeitpunkt erfolgen sollte, wenn damit kein Verlust mehr verbunden ist. Ignoranz und Effizienzdenken lassen diesen Umstand häufig unberücksichtigt.

DIE LOTUSGEBURT

Hierbei bleibt die Plazenta durch die intakte Nabelschnur mit dem Kind verbunden. Mitunter wird sogar so lange gewartet, bis die Nabelschnur so weit eintrocknet, dass sie von selbst abfällt. Das kann zwischen drei und neun Tagen dauern.

Diese Kinder sind auf jeden Fall sicher davor geschützt, vorzeitig einen Teil ihrer selbst zu verlieren. Die Auswirkungen des zu frühen Abnabelns haben ja nicht nur Folgen hinsichtlich des Blutvolumens.

Oft zeigen sich später im Erwachsenenalter zum Beispiel Symptome in Form von Einsamkeitsgefühlen, der ständigen Suche nach Bindung an materielle Güter oder dem Gefühl, nicht genug zu bekommen. Gefühle von tiefer Unverbundenheit, schwere Trennungsängste, Verlustängste von Orten, denen man sich zugehörig fühlte, und die Sehnsucht nach Wiedervereinigung und Integration können in einem Bezug zu diesen frühkindlichen Erfahrungen stehen.

Haben Sie ein Gefühl für Ihre eigene Mitte beziehungsweise für die Anbindung an Ihr Zentrum? Der Nabel ist die sichtbare Mitte des Menschen aus seiner embryonalen Zeit.

Bei der Betrachtung dieser Details geht es nicht um das Beklagen eines möglichen Szenarios aus der Vergangenheit. Was geschehen ist, ist geschehen. Allerdings ist das Wissen um die Umstände Ihrer Geburt eine große Hilfe, um sich selbst näher zu kommen. Einige dieser seelischen Blessuren lassen sich erfolgreich durch die Muttermittel aus der Homöopathie behandeln (siehe Seite 62 ff.).

EIN GESCHENK UNTER SCHMERZEN

Ihr Leben hat Ihnen Ihre Mutter unter Schmerzen und unter Einsatz ihres eigenen Lebens geschenkt. Alles halb so schlimm, denken Sie vielleicht. Immerhin rennen ja Milliarden von unserer Spezies auf diesem Planeten herum.

Dann passen Sie mal gut auf.

Neugeborene Menschen wiegen so etwa zwischen knapp drei und vier Kilogramm. Legen wir einfach mal zugrunde, die werdende Mutter wiegt 70 Kilogramm, dann hat das Kind etwa ein Zwanzigstel ihres Gewichtes. Zum Vergleich: Braunbärenbabys wiegen bei der Geburt ebenfalls etwa drei bis vier Kilogramm, die Bärin bringt allerdings 400 oder 500 Kilogramm auf die Waage. Ein Bärenbaby wiegt damit weniger als ein Hundertstel des Gewichts seiner Mutter. Menschenbabys sind im Vergleich zur Mutter also SEHR groß. Das gilt im Speziellen für den Kopf, der die Geburt extrem erschwert und diese bei nicht optimaler Lage (zum Beispiel Hinterhauptslage oder Steißlage) auch äußerst gefährlich machen kann. Im Vergleich zu Tiergeburten müssen sich Menschenfrauen ungleich mehr plagen. Geburtswehen gehören, wie ihr Name schon verrät, zu den grässlichsten Schmerzen.

Gott warnte in der Schöpfungsgeschichte der Genesis die Urmutter Eva davor: »Viele Mühsal will ich dir bereiten, wenn du Mutter wirst: mit Schmerzen sollst du Kinder gebären (…).« Das war Evas Strafe dafür, weil sie Adam angestiftet hatte, auch die Frucht vom Baum der Erkenntnis zu essen. Wenn dieses »Vom-Baum-der-Erkenntnis-Essen« als eine Analogie für die Intelligenzentwicklung bei den frühen Menschen betrachtet wird, dann ist die göttliche Ansage an Eva ein durchaus passendes Bild: Geburtsschmerzen sind der Preis, den die Frau für die Intelligenz (das große Gehirn) ihrer Babys zu zahlen hat.

Während neun Monaten waren Sie ein Teil Ihrer Mutter. Mit der Geburt musste diese auch einen Teil ihres Selbst gehen lassen. Verständlich, dass das nicht nur körperlich wehtut. Jede Geburt ist gleichzeitig ersehnt, aber auch gefürchtet.

Die Geburt ist gleichermaßen ein Kampf zwischen loslassen und festhalten wollen, gehen und bleiben, sich öffnen und zurückziehen.

Die bekannteste Hebamme Italiens, Verena Schmid, beschreibt in einem ihrer Vorträge sehr eindringlich diesen Prozess: »Der Geburtsschmerz bringt die Frau an ihre äußersten Grenzen, bis sie das Gefühl hat, alle ihre Möglichkeiten ausgeschöpft zu haben, am Ende ihrer Kräfte zu sein; dieser Augenblick entspricht der Kapitulation (»ich kann nicht mehr!«), bedeutet komplette Hingabe und ermöglicht es ihr, im Fluss zu sein mit den starken Energien ihres aktiv arbeitenden Körpers. Die Hingabe ist gleichbedeutend mit dem Überschreiten der eigenen Grenzen, sie bringt den Geburtsfortschritt, regt neue, bisher unbekannte Ressourcen an und steigert die persönliche Stärke der Frau (…).«

Einzelkinder wären nach den Geburtsschmerzen bei den Menschen die Regel, gäbe es da nicht diese magischen Momente nach der Entbindung. Eine wahre Flut an Endorphinen und

Oxytocin setzt die Mutter unter Drogen und lässt vergangene Pein und Mühsal in den Hintergrund treten.

Dazu noch einmal die Expertin Verena Schmid: »Die Frau, wenn sie nicht gestört wird und ihr Kind bei sich im Arm hat, erlebt ein einmaliges Gefühl von Ekstase und Euphorie, mit welchem sie ihrem Kind entgegentritt und ihre Erfahrung als Mutter und die Beziehung mit ihrem Kind beginnt, das Imprinting ist von Lust geprägt. Den Endorphinen wird auch die Eigenschaft der Abhängigkeit und Bindung zugeschrieben, dem Oxytocin die der Liebe. Eine natürliche Geburt sorgt für die Lust auf Wiederholung.«

FRAGEN AN SIE

◇ Wie selbstbestimmt durfte Ihre Mutter gebären?

◇ Wie lange hat Ihre Geburt gedauert?

◇ Wurde Ihre Mutter beim Gebären angeschrien, beschimpft oder beleidigt?

◇ Gab es ein notfallmäßiges Eingreifen, einen Kaiserschnitt oder wurde Ihre Mutter während der Entbindung verletzt? Ist sie eingerissen, wurde sie genäht?

◇ Spricht Ihre Mutter über den Schmerz, den sie empfunden hat?

◇ Haben Sie daran schon einmal gedacht, während Sie Ihren Geburtstag gefeiert haben?

◇ Haben Sie schon einmal überlegt, dass Sie an Ihrem Geburtstag auch Ihre Mutter feiern können?

Wie und wo hat Ihre Mutter die Geburt erlebt? Frauen erleben Geburtsschmerzen recht unterschiedlich. Als beeinflussender negativer Faktor wirken unter anderem Angst und Stress. Eine Krankenhausatmosphäre unterdrückt bei vielen Frauen das Gefühl von Geborgenheit und Selbstvertrauen. Hektik, Fremdbestimmung, Unsicherheiten und Ängste signalisieren dem Körper Gefahr. Das bedeutet aber »Flucht oder Kampf« und ganz sicher nicht »Geburt«. Unter dem Einfluss des Stresshormons Adrenalin wird die Muskulatur in den Armen und Beinen mit Blut versorgt, um fliehen oder kämpfen zu können. Dazu wird der Gebärmutter jedoch jetzt Blut entzogen. Das ist das Signal für: »Geburt möglichst lange aufschieben, bis wieder Ruhe herrscht.« In der Zwischenzeit dominieren Schmerz, noch mehr Angst, dann Interventionen, Geburtseinleitung und immer mehr Fremdbestimmung.

ENDE EINES EXKLUSIVVERTRAGS

Im Mutterleib profitierten wir von einem Rundum-Sorglos-Paket. Auch nach der Geburt lebten wir zunächst in einem Bewusstseinszustand, der überwiegend aus Empfinden bestand. Wir konnten noch nicht denken, uns bewusst erinnern oder etwas beurteilen. Nach und nach erst entwickelten wir einen Begriff von Zeit und Rhythmen. Wir waren anfälliger und verletzlicher, da wir unsere Eindrücke noch nicht einordnen konnten. In diesem Licht wird klar, dass wir darauf angewiesen waren, dass Bedürfnisse augenblicklich gestillt wurden, da unsere Angst sonst schnell einer Todesangst gewichen wäre.

Solange wir im Bauch der Mutter waren, konnte sie die Fürsorge für uns nicht abgeben. Wir hatten die Mama für uns allein, sozusagen einen Exklusivvertrag mit ihr über neun Monate und vielleicht die Zeit, in der sie uns gestillt hat.

Neues kann nur erobert werden, wenn Vertrautes losgelassen wird. Dies kann sanft oder abrupt, ja sogar brutal vollzogen werden, manchmal erfolgt eine Lösung auch nur unvollständig. Frühkindliche Erfahrungen sind, was das anbelangt, sehr unterschiedlich und unsere Mütter spielten bei diesem Prozess die Hauptrolle. Durchläuft das Kind eine gesunde Entwicklung, ist es in der Lage, sich im Lauf der Zeit nach und nach, über die Pubertät bis hin zum Erwachsensein, aus dieser Bindung zu lösen. In einer gelungenen Mutter-Kind-Beziehung bleibt genug Raum, die Fähigkeit zu entwickeln, auch andere Menschen zu lieben. Gelingt diese Ablösung nicht, wird die nicht gelöste Bindung zur Mutter, egal, ob sie gut oder schlecht war, zum sogenannten Mutterkomplex und damit zu einem seelischen Problem. Ist die Lösung abrupt, bleibt in der Regel auch ein traumatisiertes Kind zurück.

Die Mutter war unser erstes Liebesobjekt. Verständlich, dass wir zu ihr auch nach der Entbindung weiterhin eine intensive körperliche und seelische Nähe suchten und tief im Inneren auch später noch suchen.

FRAGEN AN SIE

◇ Wie schätzen Sie Ihre Mutter ein, als es um Ihre Geburt ging? Schließen Sie die Augen, während Sie sich vorstellen, wie Sie von Ihrer Mutter abhängig waren, wie Sie beide gemeinsam Geburtsarbeit geleistet haben. Fühlt sich das gut an? Falls nein, warum nicht?

◇ Hinter jeder Angst steckt Misstrauen. Schmerzhafte Erfahrungen können zu der Vorstellung führen, dass sich die Leiden der Vergangenheit wiederholen könnten. Schenken Sie anderen leicht Vertrauen?

FLITTERWOCHEN MIT DER MAMA

»Die Umarmung einer Mutter dauert noch lange darüber hinaus an, nachdem sie längst losgelassen hat.«

UNBEKANNTER BEOBACHTER

Mutterliebe vermag die gleichen Gehirnareale zu aktivieren wie eine romantische Verliebtheit. In beiden Fällen wird auch wieder das Glücks- und Kuschelhormon Oxytocin ausgeschüttet. Es sorgt dafür, dass negative Gefühle und kritische Gedanken in den Hintergrund treten, während Lustschaltkreise aktiviert werden, die Zuneigung zum Kind auslösen. Die hormonelle Ausgangslage ist dem des Orgasmus nicht unähnlich.

Sie wurden als extrem attraktiver Mensch geboren. Ihre hohe Anziehungskraft hat Ihre Umgebung und allen voran Ihre Mutter praktisch gezwungen, das zu tun, was in Ihrem Sinne war. Sie waren die Droge Ihrer Mutter und sie war Ihr Junkie. Mehr oder weniger bedingungslos hat Ihre Mutter Sie geliebt. Sie wäre nicht auf die Idee gekommen, Sie in einem unbeobachteten Moment umzutauschen, weil das Baby nebenan vielleicht weniger aufgestoßen hat oder über mehr Haar oder anliegendere Ohren verfügte.

Zu Beginn konnten Sie weder lächeln noch reden noch gehen. Allein Ihre Anwesenheit war ausreichend, um geliebt zu werden. Ohne Gegenleistung war Ihre Mutter bereit, sich abzuhetzen, Ihnen den Popo abzuwischen und auf einen gesunden Nachtschlaf zu verzichten. Statt in schicken Fummel für sich zu investieren, hat sie Strampelanzüge und Kuscheltiere für Sie gekauft. Sie sind währenddessen einfach dagelegen und wenn Sie gebrüllt haben, dann ist sie gesprungen.

STILLZEIT MIT SOULFOOD

Wenn die Mutter nicht zur Stelle war, dann machte sich Angst breit, Hunger und ein tiefes Gefühl der Verlassenheit bis hin zur Verzweiflung. Mit der Muttermilch und dem Stillen erfährt das Baby dann eine neue Art Nähe zur Mutter, die sich seit der Geburt stark verändert hat. Beim Stillen ist die Welt wieder in Ordnung, das verlorene Paradies wird wieder greifbar, nah an ihrem Herzen nimmt das Kind den Herzschlag, den bekannten Geruch der Mutter, ihre Wärme, Liebe, Schutz, Geborgenheit und Fürsorge wahr. So wird nicht nur der physische Hunger gestillt, sondern auch der nach Liebe und Aufmerksamkeit. In diesem Augenblick (ein Neugeborenes lebt zunächst ja nur in der Gegenwart) ist alles gut.

Zusätzlich löst das Stillen auch bei vielen Frauen lustvolle Oxytocinschübe aus. Andere Mütter berichten, dass sie beim Stillen ihres Kindes ruhiger werden und abschalten können, was auch auf die Hormonausschüttung zurückgeführt wird. Da beim Baby vor allem nach dem Nuckeln Oxytocin freigesetzt wird, ist es nach dem Stillen oder Füttern ebenfalls entspannt und glücklich.

Die emotionalen Wirkungen des Wunderhormons verstärken die Bindung von Mutter und Kind (Bonding).

Häufig schlägt sich dieses enge Band in einem geringeren Verlangen der Frau nach dem Partner nieder. Die Mutter ist so verliebt in ihr Baby und verspürt dann kein sexuelles Bedürfnis mehr, weil sie durch den täglichen Kontakt mit dem Kind bereits mit einer ausreichenden Portion Oxytocin versorgt wird.

Übrigens: Auch Väter oder andere Personen, die Kinder intensiv pflegen und eine enge Bindung mit ihnen eingehen, können diese Hormonschübe erleben.

Die Milch der ersten Lebenstage ist etwas Besonderes: Vormilch (Kolostrum) ist gelblich, eher dickflüssig und enthält große Mengen von immunschützenden Antikörpern, Wachstumsfaktoren und Hormonen. Das Kolostrum fördert die Entwicklung des Verdauungssystems des Babys und ist geradezu ein Booster für das körpereigene Abwehrsystem, das sich erst entwickeln muss. Ein Kälbchen beispielsweise stirbt, wenn ihm das Kolostrum vorenthalten wird. Das Menschenjunge überlebt auch ohne Kolostrum. Schade allerdings, wenn es von dieser ersten und allerbesten Medizin nicht profitieren kann.

Pharmamanager würden für die exakte Kolostrumrezeptur vermutlich ein Verbrechen begehen. Kein Wunder, dass Säugetierkolostrum als Forschungsobjekt entdeckt wurde.

Stillen unterstützt auch die Entfaltung eines breiteren Geschmackshorizonts. Im Gegensatz zu Fläschchenmilch enthält Muttermilch über 1000 Geschmacksnoten. Bekannt ist, dass gestillte Kinder, deren Mütter sich abwechslungsreich ernähren, später häufiger Neues probieren als Flaschenkinder. Babys können den Geruch der Milch ihrer Mutter aus zig anderen Gerüchen identifizieren. Milch und Mama gehören ganz am Anfang zusammen.

Tugendaposteln ist es noch heute suspekt, dass Frauen am Stillen Spaß haben können. Noch immer ist öffentliches Stillen nicht überall gerne gesehen. Im Mittelalter waren es die Priester, die Mütter davor warnten, »mit Wollust« zu stillen. Im 19. Jahrhundert sprach sich der Arzt Pierre Brouzet in seinem *Essai de l'education medicinale des enfants* sogar für ein Gesetz aus, um unmoralischen Müttern das Stillen zu verbieten – über die Milch könne deren schlechter Charakter auf das Baby übergehen! Im »Allgemeinen Preußischen Landrecht« von 1794 wurde die Nutzung des Busens dann endgültig gesetzlich geregelt – es war der Ehemann, der darüber entscheiden konnte, wie lange seine Frau stillte.

Ob und wie lange hatten Sie denn Zugriff auf Mutters Busen? Fragen Sie doch mal.

STILLEN IST MEHR ALS LIEBE

Ganz am Anfang ist die Wunschliste des Menschen noch ausgesprochen überschaubar: Ein Baby wünscht sich nichts außer Nahrung, Nähe und Geborgenheit. Solange ein Kind gestillt wird, ist die Bedürfnisbefriedigung ausgewogen und ganz natürlich mit einem Drei-in-eins-Konzept abgedeckt. Die Mutter macht dabei instinktiv alles richtig, ohne großartig nachdenken zu müssen. Weil ein Neugeborenes alle paar Stunden Tag und Nacht Hunger hat, erlebt es beim Stillen obendrein zur Sättigung ganz automatisch Geborgenheit und Nähe.

Kinder, die gestillt werden, haben ein reduziertes Risiko, später einmal fettleibig (adipös) zu werden, wie zwei aktuelle Studien belegen. Während Flaschenkinder eher dazu angehalten werden, ihr Fläschchen leer zu trinken, bestimmen Kinder an der Brust selbst, wie viel sie trinken möchten. Die Nachfrage regelt jeweils dynamisch das Angebot. An der Brust muss das Kind auch aktiv saugen, was mit Anstrengung verbunden ist. Auch das trägt zu einer natürlichen Begrenzung der Nahrungsaufnahme bei. In der Muttermilch steckt außerdem das Hormon Leptin, das den Fettstoffwechsel günstig beeinflusst und dem Körper Sättigung signalisiert.

Nicht gestillte Kinder haben durchschnittlich auch höhere Zucker- und damit Insulinspiegel im Blut, was zu Heißhungerattacken führen kann.

FRAGEN AN SIE

- ◇ Wenn Sie essen, tun Sie das immer dann, wenn Sie auch wirklich Hunger haben?
- ◇ Beobachten Sie sich: Wann brauchen Sie etwas zu essen, etwas zu trinken, eine Zigarette? Welche Bedürfnisse, Wünsche, Sehnsüchte stecken eigentlich dahinter?
- ◇ Analysieren Sie Ihre Motive: Ist es der Wunsch nach Ablenkung, wenn Sie sich einsam fühlen, frustriert oder traurig, bei Langeweile oder Angst?
- ◇ Beobachten Sie Ihr Hungergefühl: Wie unterscheidet sich echter Hunger von Appetit oder dem Bedürfnis nach Ersatzbefriedigung?

Deshalb haben Flaschenkinder oft bereits mehr Fettgewebe. Muttermilch beeinflusst auch positiv die Zusammensetzung des Mikrobioms, jenem Zusammenspiel von Darmbakterien, das nicht nur für die Verdauung, sondern auch für das Immunsystem und die Stimmung wichtig ist.

Tief in unserem Inneren besteht von Anbeginn an eine sehr enge Verbindung zwischen Gefühlen und Essen. Es braucht ein gewisses Feingefühl, wenn Kinder selbstständig anfangen zu essen, um Hunger von anderen emotionalen Bedürfnissen zu unterscheiden und entsprechend darauf zu reagieren.

Unbemerkt hatte sich womöglich auch bei Ihnen schon ganz früh eine Gewohnheit eingeschlichen, Essen als ein Stück vom Paradies, als Ersatz für Trost oder Belohnung zu verwenden. Allzu oft wird das Bedürfnis nach Aufmerksamkeit, Zuwendung und Körperkontakt einseitig mit Nahrungszufuhr beantwortet.

Das ist bereits bei kleinen Kindern meist bequemer, kann von anderen Betreuungspersonen erledigt werden und ist auch sehr erfolgversprechend. Angenommen, ein Kind sucht Aufmerksamkeit und Körperkontakt. Es hat ein ungestilltes Bedürfnis und quengelt oder weint. Es hat gar keinen Hunger. Bekommt es nun nicht das, was es braucht – eine liebevolle Umarmung, geduldiges Trösten … – begnügt es sich mit dem, was es bekommt. Und das ist meist Essen oder Trinken. Ein Ersatz, der jederzeit verfügbar ist. Dabei braucht ein Kind auch keine Gesellschaft mehr, wenn es erst einmal alt genug ist. Es kann sich alleine etwas in den Mund stopfen. Weil die ungestillte Sehnsucht bleibt, darf es auch etwas mehr sein und noch mehr …

Die frühzeitige Anlage von Fettzellen geht oft Hand in Hand mit dem Gewicht der Mutter in der Schwangerschaft und entgleisten Insulinspiegeln (Insulinresistenz), aber auch mit der Anlage von Mustern der Ersatzbefriedigungen. Beides überdauert die Kindheit bis ins Erwachsenenleben.

EXKURS: BEMUTTERUNG VON FRÜHCHEN

In einer riesigen Geburtsklinik in Bogotá (Kolumbien) stieg die Sterblichkeit frühgeborener Babys. Die Abteilung für Neonatologie war oft überbelegt. Mehrere Winzlinge mussten sich einen Inkubator teilen. Personal und Überwachungsgeräte waren nicht ausreichend vorhanden.

1979 kamen zwei Kinderärzte auf eine wunderbare Idee: Die Kleinen wurden nackt zwischen die ebenfalls nackten Brüste ihrer Mütter gelegt, mit einem Tragetuch fixiert und mit der Kleidung der Mutter bedeckt. Die Ärzte hatten von den Kängurus gelernt! Bald wurde diese Form des intensiven Hautkontakts weltweit von den meisten Intensiv- und Neonatologiestationen übernommen, um so die Betreuung von Neugeborenen mit Startschwierigkeiten zu optimieren.

Mit der Einführung dieser Methode sank nicht nur die Sterblichkeit der Babys. Sie entwickelten sich auch insgesamt besser, erst recht, wenn sie gestillt wurden. Kinder blühen auf, wenn die Mutter sie kost, ihnen zuhört, sie annimmt und für sie sorgt. Kein Mensch auf der Welt kann ein Kind besser bemuttern als die eigene Mutter.

Diese Beobachtungen veranlasste einige Forscher zu einer Langzeitstudie. Die Kontrollgruppe bestand aus Babys, die in ihren ersten Lebensmonaten vor allem im Brutkasten betreut wurden. 18 bis 20 Jahre nach der Geburt wurden die Heranwachsenen drei Tage lang intensiv untersucht und befragt. Insgesamt wurden 264 zwischen 1993 und 1996 geborene Frühchen mit weniger als 1800 Gramm Geburtsgewicht berücksichtigt.

Wie die Autoren von der Fundación Canguro in Bogotá berichteten, zeigten sich für die Känguru-Frühchen klare Vorteile: Sie waren im Durchschnitt weniger aggressiv, impulsiv und hyperaktiv als solche, die ihre ersten Lebenswochen zumeist im Brutkasten verbringen mussten. Vor allem unter den ehemals sehr zarten Babys schien auch der Intelligenzquotient 20 Jahre später etwas höher ausgefallen zu sein. Die Kinder aus dem Känguru-Programm legten eine bessere Schullaufbahn hin und fehlten weniger oft im Unterricht. Als junge Arbeitnehmer verdienten sie im Durchschnitt mehr.

WENN DER ANFANG STRESSIG IST

Normalerweise denkt man bei gestressten Typen an Börsenmakler und nicht an Föten oder Kleinkinder. Es mag Sie erstaunen, dass deren Stressniveau vergleichbar sein kann.

Forscher der Hans-Berger-Klinik für Neurologie am Universitätsklinikum Jena berichteten, dass pränataler Stress beim Ungeborenen den Stresshormonspiegel dauerhaft anhebe und die Hirnreifung beschleunige. Dadurch sollen sich die Überlebenschancen angesichts einer zu frühen Geburt erhöhen. Das Problem an der frühzeitigen Reifung der Hirnstrukturen sei allerdings, dass sie auf Kosten von Wachstum und Zellteilung gehe. Bekämen Ungeborene dauerhaft zu viele Stresshormone ab, »betrachte« der Körper den erhöhten Pegel als normal. Diese Kinder würden bereits im Mutterleib darauf programmiert werden, zeit ihres Lebens mehr Stresshormone auszuschütten. Stress während der Schwangerschaft sei deshalb ein wesentlicher Risikofaktor für spätere Depressionen und andere Krankheiten.

In den späten 1990er-Jahren des letzten Jahrhunderts gab es Fortschritte in der frühkindlichen Stressforschung. Mit der Entnahme von Speichelproben wurde es möglich, die Konzentration des Stresshormons Cortisol recht einfach (und stressfrei) zu messen und damit genauere Aussagen über körperlichen und psychischen Stress zu machen. Kleine Kinder zeigen nämlich nicht unbedingt, wie es ihnen geht! Sie sind Anpassungskünstler und ihre innere Anspannung ist nicht immer nach außen sichtbar. Sie können Trennungsstress nicht ausdrücken, obwohl er innerlich da ist und ihr Körper darauf reagiert. Unsicher gebundene Kinder machen ihren Eltern sogar etwas vor, sie lassen diese in dem Glauben, sie bräuchten keine Beruhigung. Innerlich bleiben unsicher gebundene Kinder über Nacht und manchmal über viele Tage unter Stress. Auch wenn diese Kinder spielen und lernen, stehen sie unter Anspannung und Lerninhalte gelangen nicht so gut in ihre Innenwelt.

Mit den Speicheltests konnten unter anderem Rückschlüsse auf die Auswirkungen von Fremdbetreuung gezogen werden.

Kleinkinder brauchen immer zuverlässige, beständige Bezugspersonen. Sie wollen sich am liebsten auf die beruhigende Unterstützung ihrer Mama verlassen können. Aus eigener Kraft schaffen sie die Verarbeitung von Stress noch nicht. Für die Regulation beispielsweise von heftiger

Erregung braucht es die Beruhigung von außen – durch die ihnen bekannte Stimme, den Geruch und durch den über neun Monate Schwangerschaft bereits vertrauten Körper. Auf plötzlich Unvertrautes reagieren sie dagegen mit innerer Erregung und das Stresshormon Cortisol überflutet ihren Körper.

Folgen überhöhter Cortisolspiegel

Unter normalen Umständen zeigen sich hohe Cortisolwerte am Morgen und sinken dann kontinuierlich bis zum Abend auf ein niedriges Niveau. Kinder in außerfamiliärer Gruppenbetreuung haben häufig erhöhte Cortisolwerte während ihrer gesamten Betreuungszeit. Manchmal kehrt sich der normale Verlauf auch um und die Kinder sind zur Abholzeit und gegen Abend zunehmend aufgekratzter. Das kleine Kind weiß nicht, dass seine Mutter am Abend wieder in die Krippe kommt und es abholt. Trennungs- und Verlassenheitsängste strapazieren ein noch nicht vollständig ausgebildetes Stresssystem.

Ein ständig erhöhter Cortisolspiegel in früher Kindheit kann zu Gesundheitsproblemen führen. So wurden eine Schwächung des Immunsystems und des Erhalts der Nervenzellen im Gehirn beobachtet. Im Zuge dessen stellten sich dann vermehrte Infektionen ein, ebenso eine Beeinträchtigung von Gedächtnis und auch der Emotionalität. Als Langzeitfolgen können bei den Betroffenen emotionale Dysfunktionen, Depressionen, Angst und Essstörungen auftreten. Darüber hinaus besteht die Gefahr, dass im Gehirn der Hippocampus, der präfrontale Cortex und die Amygdala beeinträchtigt werden – das sind diejenigen Gehirnregionen, die sowohl für das Erinnern, die kognitive als auch die emotionale Steuerung zuständig sind.

Gute oder negative Stressverarbeitungserfahrungen in den ersten Jahren sind prägend. Sie zeigen sich auch später im alltäglichen Umgang mit Stress.

Wissenschaftliche Belege

Psychische Leiden, deren Ursachen in schwerem chronischem Stress liegen, werden von Generation zu Generation vererbt, und zwar auf epigenetischem Weg. Unter der Leitung der Züricher Neurowissenschaftlerin Isabelle Mansuy sind bei einer im Jahr 2010 erschienenen Studie zur Wirkung von Traumata an der Universität Zürich nach der Geburt männliche Mäuse über zehn Tage wiederholt von dem Muttertier getrennt und das Muttertier zusätzlich gestresst worden. Die jungen Mäuse wurden depressiv, zeigten soziale Probleme und verhielten sich in neuen Situationen apathisch. Dies hielt lebenslang und sogar über drei Generationen hinaus an.

Es lag bei den jung gestressten Tieren keine Veränderung der DNA vor, sondern eine Abwandlung des Methylprofils in Gehirn und Spermien, was typisch für einen epigenetischen Vorgang ist. Mit anderen Worten: Nicht das Erbgut selbst wurde durch den frühen Stress verändert, sondern die Steuerung der DNA. Verzagen Sie nicht, wenn Sie das lesen: Mäuschen können auf epigenetische Prozesse wenig Einfluss nehmen, aber Sie schon! Wir kommen später noch darauf zurück.

FRAGEN AN SIE

- ◇ War Ihre Mutter gezwungen, Sie schon sehr früh von anderen Menschen betreuen zu lassen?
- ◇ Wer hat dann wo auf Sie aufgepasst? Waren es vertraute Menschen, vielleicht die Großeltern? Es kann sein, dass Sie schon als kleines Mäuschen tagtäglich ziemlich was aushalten mussten.
- ◇ Wie gehen Sie heute mit Stress um?

MUTTERMITTEL IN DER HOMÖOPATHIE

»Neurotransmitter und Hormone sind wie Botschafter zwischen Körper und Geist. In der Pharmakologie wirken homöopathische Wirkstoffe wie solche Boten.«

ANGELA WEISS

Lehnen Sie die Homöopathie als Behandlungsansatz komplett ab, so können Sie dieses Kapitel, das einen extrem spannenden Behandlungsansatz birgt, getrost überspringen.

Kritikern möchte ich jedoch Folgendes zu bedenken geben: Untersucht ein Chemiker eine homöopathische Arznei, findet er nur Wasser, Alkohol und Zucker. Zum Vergleich: Wenn er eine CD untersucht, nur Polycarbonat und etwas Aluminium.

Beide können jedoch jede Menge Informationen bergen. Es ist belegt, dass Homöopathie auf der physikalischen Informationsebene wirkt. Ab der homöopathischen Potenz oder Verdünnung D23 wird ein Verdünnungsgrad (die Loschmidt-Zahl) erreicht, bei der in einem Milliliter kein Molekül der Ausgangssubstanz mehr nachweisbar ist ($1{:}10^{23} = 1{:}100$ mal $10^{18)}$.

Aber bitte bedenken Sie: An Kaulquappen wurde nachgewiesen, dass mittels Hormongaben, die unter der »Verschwindegrenze« (D23) lagen, Wachstumsprozesse gezielt beeinflusst werden konnten. Also sind Stoffkonzentrationen, die so gering sind, dass sie mit unseren gegenwärtigen Messmöglichkeiten nicht mehr nachweisbar sind, offenbar doch wirksam.

Dies ist nur ein Beispiel für die Wirkung auf der physikalischen Informationsebene. Mit der spirituellen Ebene betreten wir noch eine weitere, eine andere Dimension mit entsprechend weitreichendem und faszinierendem Wirkspektrum.

Ausgangssubstanzen für homöopathische Arzneien sind üblicherweise Pflanzen, Pilze, Mineralien, Metalle, aber auch Krankheitserreger, Gifte und Sekrete sowie tierische Bestandteile. Oft habe ich mich gefragt, wo die menschlichen Substanzen bleiben. Ganz besondere Faszination üben auf mich Arzneimittel aus der Menschenfamilie und im Speziellen die Muttermittel aus. Menschen haben ein spezielles Bewusstsein und ein jeder von uns eine individuelle Identität.

So manch einer von uns holperte zu Beginn seines Lebens eher ins Dasein, war unerwünscht oder hatte einen schweren Start. Fortwährend müssen wir lernen, uns anzupassen. Wie oft eilen wir abgelenkt und betäubt durch das Leben. Kaum verwunderlich, wenn es dann Phasen gibt, in denen wir glauben, den Anschluss an uns, an das Leben verloren zu haben, so als ob wir uns nicht mehr spüren oder nur noch den Schmerz wahrnehmen. Unsere Mutter war es doch, die uns das Leben geschenkt hat, und so betrachte ich es als äußerst spannend, mit Muttersubstanzen einen Heilungsprozess anzuregen.

Muttermittel sind Homöopathika, deren Ursubstanzen der Schwangerschafts- und Neugeborenenphase entspringen. Sie können Prozesse initiieren, indem verdrängte Erinnerungen, Schuld- und Schamgefühle freigesetzt werden. Aber ihre Kraft geht noch weit darüber hinaus. Ebenso wirksam sind sie auch, um zu regenerieren und innere verloren geglaubte Anteile zurückzuholen. Sie sagen uns, dass wir ein heiliges Recht haben, hier zu sein. Und sie können uns helfen, auf unserer Lebensreise den Weg wiederzufinden.

Die Verbindung mit unserer frühesten Vergangenheit stärkt unseren Gegenwartsbezug, enthüllt unsere Motivationen und hilft, schmerzhafte Erfahrungen loszulassen.

Nachfolgend gebe ich Ihnen im Telegrammstil einen kurzen Überblick zu den einzelnen Muttermitteln und deren Wirkspektrum ohne Anspruch auf Vollständigkeit und auch weitgehend ohne die klinischen Symptome.

LAC HUMANUM/LAC MATERNUM

Wird gewonnen aus der Milch einer stillenden Mutter beziehungsweise aus der Milch verschiedener stillender Mütter (*Lac maternum*). Milch erdet und ist aus der Brust Quell von Nahrung und Zuwendung gleichermaßen. Sie steht in Verbindung mit Menschlichkeit, Einfühlungsvermögen.

Lac humanum veranlasst zu bleiben, verhilft uns zu Substanz, verleiht die Gabe der Empathie mit anderen und mit dem eigenen Körper. Unterschieden wird *humanum* von *maternum* zum Beispiel dahingehend, ob ein generelles oder ein spezifisch auf eine bestimmte Person gerichtetes Gefühl besteht.

ZENTRALE THEMEN

- ◇ Nicht geerdet sein, Verlust- und Verlassenheitsgefühle; Angst, nicht genug zu bekommen; Bindungsprobleme, mangelndes Mitgefühl und Zugehörigkeitsgefühl; mangelhafte Eingliederung sowie die Ablehnung des eigenen Körpers; fehlende (räumliche) Orientierung
- ◇ Suchtverhalten und Essstörungen; Probleme mit der »Verdauung« des Lebens und von Lebensmitteln; zwanghaftes Bedürfnis nach Wunscherfüllung, ohne bleibende Befriedigung; Wunsch/Appetit/Hunger/Sucht

Menschen, die einen Bezug zu *Lac humanum* haben, fühlen sich häufig verlassen und isoliert. Sie wünschen sich ein harmonisches Umfeld, voller Liebe und Zuneigung mit viel Körperkontakt. Ihre Hauptangst besteht darin, von den Menschen, die sie am meisten lieben, zurückgewiesen zu werden. Obwohl sehr sensibel, wirken sie oft distanziert und gleichgültig. Typisch sind Träume von toten Menschen, zum Beispiel von verstorbenen Familienangehörigen, sowie davon, verlassen zu werden. Verlangen nach süßen, warmen und wärmenden Speisen.

BOTSCHAFT DES MITTELS:
Ich fühle mich verlassen und nicht geliebt von den Menschen, die ich am allermeisten liebe und brauche. Ich suche und brauche Halt!

FOLLICULINUM

Wird gewonnen aus dem Östrogen aus dem Ovarialfollikel (»Eiererzeuger«).

Östrogen ist das Hormon der Selbstaufgabe, des Selbstvergessens, der Selbstverleugnung.

Im Bauch unserer Mutter haben wir in einem Meer von Östrogen gebadet. Bei der Geburt ist das Stressniveau so hoch wie bei einem Herzinfarkt. Die Östrogenflut während des Geburtsprozesses machte uns nicht nur dieses Ereignis vergessen, sondern auch die vergangenen neun Monate, jener ersten und letzten Verbindung mit einer derart unbeschreiblichen Innigkeit, damit wir Kindheit und Jugend überstehen konnten.

Diese letzten Momente der physischen Verbindung mit unserer Mutter und das Bewusstsein, etwas Wichtiges zurückzulassen, werden verborgen, damit wir unser Leben in Freiheit und ohne Reue beginnen können. Die Vergesslichkeit kann natürlich auch als Geschenk angesehen werden, um das Leid der Trennung zu bewältigen.

Das weibliche Geschlechtshormon Östrogen macht gefügig und formbar. Während der Pubertät des Mädchens ist Östrogen um das 20-Fache erhöht. Ein Mädchen fragt sich dann nur noch, wie es von anderen wahrgenommen wird. Im Zuge der Menopause Jahrzehnte später kommt es zu einem Rückgang des Hormons. Die Frau findet sich dann wieder.

ZENTRALE THEMEN

- ◇ Sich in sich selbst unvollständig fühlen, daher Aufopferung für andere; Identitätsverlust, Selbstzweifel; Unfähigkeit, sich abzugrenzen, selbstständig zu werden, kein eigenes Autoritätsgefühl; Unfähigkeit, Nein zu sagen, Helfersyndrom, leben für die Bedürfnisse und nach den Erwartungen anderer; sich kontrolliert und unfrei fühlen
- ◇ Antidot bei künstlichem Hormonersatz (Pille, Hormonspirale, Hormonbehandlungen) in der Postmenopause, hormonelle Behandlung von Akne etc.
- ◇ Bindungsprobleme von Mutter und Kind; kräftigt die Nebennieren und macht damit stressresistent

Homöopathisch hilft *Folliculum*, zur Erinnerung zurückzufinden. Es hilft Menschen, die vergessen haben, wer sie sind, und verleiht die Fähigkeit, Macht über sich selbst und seinen eigenen Willen zu entwickeln oder ihn wiederherzustellen. Es schenkt das Wissen, dass es ein Selbst gibt, welches man beanspruchen kann und darf, und hilft, sich von anderen zu unterscheiden, dabei zu individualisieren, und durchbricht Kontrollfesseln.

> **BOTSCHAFT DES MITTELS:**
> *Wer bin ich? Was will ich? Ich darf meinen Willen kundtun und tue es auch. Bei Depressionen – mit dem Gefühl, nur Gast zu sein, nicht anzukommen.*

PLACENTA HUMANUM

Wird gewonnen aus dem Mutterkuchen. In der menschlichen Embryogenese ist der Embryo bis zu dem Zeitpunkt, an dem sich die Plazenta ausbildet, für seine Entwicklung selbst verantwortlich; aber in dem Moment, wo der Mutterkuchen diese Aufgabe übernimmt, verliert das neue Leben seine Autonomie.

ZENTRALE THEMEN

- ◇ Angst vor der Zukunft; Gefühl der Unzufriedenheit und Unbehaglichkeit – man fühlt sich nicht wohl in seiner Haut; Vollgestopftsein; Chaos, Verwirrung
- ◇ Das Gefühl, nicht genug zu bekommen; dabei geht es nicht so sehr um eine Angst, sondern mehr um ein Wissen, dass es nicht genug ist; es kann auch eine Form von Trägheit sein: »Wozu soll das gut sein?« Resignation und Hilflosigkeit; passive Akzeptanz, aber mit Unzufriedenheit; Apathie, Ohnmacht, immer im Schatten von anderen stehend

Hilfreich bei der Behandlung autistischer Kinder, die unter *Placenta humanum* in die Welt zurückkehrten. Bei Impfschäden, Essstörungen, Allergien, altem Kummer. Es verbessert die Beziehung zur Mutter, verleiht ein Gefühl von Autonomie.

Placenta humanum ermöglicht eine Rückkehr. Die Reise zu Selbstvertrauen und Selbstsicherheit kann aufs Neue beginnen.

Es unterstützt dabei, alte Tätigkeiten, Gewohnheiten oder Vergangenes abzuschließen, bringt alte Angelegenheiten zu Ende, lässt die eigene Identität hervortreten. Es eignet sich für Menschen, die dazu neigen, Beziehungen zu idealisieren, sich dabei verausgaben und Trennung oder Ablösung deswegen nicht vollziehen.

BOTSCHAFT DES MITTELS:
Ich fürchte mich vor dem Morgen, der Zukunft. Hilft, auf eigenen Füßen zu stehen, Idealisierungen zu durchschauen (Ich höre auf damit, andere auf ein Podest zu heben und mich dadurch klein zu fühlen) und Enttäuschungen zu verkraften.

VERMIX CASEOSA

Wird gewonnen aus der Käseschmiere.

Umhüllt das Ungeborene wie ein Schutzmantel mit einer weißlichen Fettschicht. Gebildet in der 17. bis 20. Woche der Schwangerschaft, ist sie meistens schon vor der Geburt wieder verschwunden.

Manchmal ist das Neugeborene jedoch damit bedeckt. Wenn diese wertvolle Hautpflege nicht eilfertig nach der Geburt weggewaschen, sondern von der Haut natürlich resorbiert wird, dann wirkt sie antibakteriell und liefert zudem natürliches Vitamin K, das vor Hirnblutungen schützt.

ZENTRALE THEMEN

- »Schutz« ist der Schlüsselbegriff dieses Mittels
- Das Gefühl, ungeschützt, durchlässig und verletzlich zu sein; sich angegriffen, überfallen und verfolgt fühlen; Umgebung wird als unmittelbare Bedrohung empfunden; kontaktscheu, als gäbe es keine Grenze zwischen dem Ich und der Außenwelt; anfällig für Angriffe von außen, wie subtil sie auch sein mögen
- Wie bei allen Muttermitteln auch hier Verlustgefühle und fehlende Identität
- Bei Missbrauchsfällen, wo alle normalerweise existierenden Grenzen verletzt wurden; bei Umweltkrankheiten, chronischer Müdigkeit, Allergien und verschiedenen Formen von Autismus

Käseschmiere ist üblich bei Meeressäugern, aber wir Menschen sind die einzigen Landkreaturen, deren Nachkömmlinge diese Substanz entwickeln. Sie wird von den Talgdrüsen produziert, die auch in der Pubertät wieder sehr aktiv werden.

Als Arzneimittel vermittelt *Vermix caseosa* Schutz, Sicherheit und Zuversicht auf verschiedenen Ebenen. Es ermöglicht, auf allen Ebenen mit der Außenwelt in Kontakt zu bleiben, ohne von ihr überwältigt zu werden. Es unterstützt dabei, die eigenen Gefühle zu kennen und sie von denen der anderen zu unterscheiden, ohne sie miteinander zu vermischen.

BOTSCHAFT DES MITTELS:

Mir fehlt der Schutzmantel, ich fühle mich zu dünnhäutig. Ich lasse mich aber nicht überwältigen. Es ist nicht das dicke Fell, das ich brauche, sondern das Bewusstsein für Innen und Außen, das Eigene und das Fremde.

OXYTOCINUM

Oxytocin, das Kuschelhormon, das auch die Austreibungsphase bei der Geburt bestimmt, ist das Hormon der Anhänglichkeit. Es kann im Gegenzug aber auch zur Ablösung, zur Scheidung führen. Sein Wirkspektrum ist ambivalent: Niedrigere Potenzen des homöopathischen Muttermittels wirken ablösend, entwirrend beziehungsweise differenzierend. Höhere Potenzen hingegen wirken verbindend, harmonisierend und vereinend.

Wann haben Beschwerden angefangen? Wenn die Antwort darauf »von Geburt an« oder »von Anfang an« lautet, zeigt Oxytocin oft eine Lösung auf.

Die Verschmelzung in der Mutter-Kind-Beziehung kann so stark sein, dass es keinen Platz mehr für den Vater gibt. Es kann mit einem Kind (oft der Sohn) eine geradezu symbiotische Bindung entstehen. Es ist, als ob sich Mutter und Kind in einer Blase befinden, wo die Mutter dem Kind uneingeschränkt zur Verfügung steht.

Oxytocin kann dazu beitragen, diese überwältigende und zu anspruchsvolle Bindung zu entwirren, als ein Hilfsmittel, um eine flexiblere Bindung mit der Mutter zu finden.

Andererseits kann die erste Bindung (Bonding) zwischen Mutter und Kind gestört sein oder gar nicht stattgefunden haben, zum Beispiel nach intensivmedizinischer Versorgung. Unterstützend für Frühchen oder Adoptivkinder, bei Trauma oder einem Schock während der Geburt.

ZENTRALE THEMEN

- ◇ Beschwerden, wie postpartale Depression (viel schwerer als der nur wenige Tage anhaltende »Babyblues«); Allergien, Gelenkschmerzen oder Rückenschmerzen; Verdauungsbeschwerden; Angst, Unsicherheit; Teilleistungsstörungen in der Schule; Probleme mit Gleichaltrigen, Geschwistern oder den Eltern
- ◇ Bindungs- und Beziehungsstörungen in der Partnerschaft und Familie; Liebeskummer, enttäuschte Liebe
- ◇ Wichtig bei der sozialen Kommunikation, bei der Bildung von Vertrauen in sich selbst und andere sowie bei den Instinkten im Umgang mit dem Baby

BOTSCHAFT DES MITTELS:

Wenn es schön ist, fürchte ich, dass das so nicht bleiben wird. Anstatt Enttäuschungen vorbeugen zu wollen, lasse ich mich ein, erlaube Nähe, Berührungen, Verbundenheit.

UMBILICUS HUMANUS

Wird aus der Nabelschnur gewonnen. Dies ist das Muttermittel, welches die engste Verbindung zur Seele besitzt. Die Nabelschnur hat uns mit der Plazenta verbunden. Viele Kinder werden abgenabelt, bevor sie dafür bereit sind. Die dreifache Trennung von einem Teil unserer selbst, unserer Mutter und dem Ort, von dem wir gekommen sind, kann ein Gefühl von tiefer Unverbundenheit und schwere Trennungsängste hervorrufen.

ZENTRALE THEMEN

- ◇ Verlorene und gefundene Unschuld
- ◇ Abneigung gegen den eigenen Körper
- ◇ Zerbrochene Bindungen; Verlust von Orten, denen man sich zugehörig fühlte
- ◇ Sehnsucht nach Wiedervereinigung und Integration
- ◇ Libidoverlust; Angst vor Intimität
- ◇ Klärung von Mutter-Tochter-Beziehung
- ◇ Bei Absonderungen aus dem Nabel

Umbilicus humanus kann tiefe Trauer freisetzen und Heilung durch Selbstakzeptanz sowie die Aufdeckung wichtiger Themen initiieren, etwa generationsübergreifender Wunden.

Es regt an, sich mit jener Zeit im Leben zu verbinden, in der das Problem begonnen hat, das jetzt das Leben prägt. Es kann einen Verbindungscode auf der Gefühlsebene herstellen und dabei helfen, Verbindung mit anderen Menschen einzugehen, ohne die eigene ursprüngliche Identität zu verlieren. Es ist ein Mittel, um sich mit dem sogenannten »inneren Kind« zu verbinden und den eigenen Körper zu lieben.

BOTSCHAFT DES MITTELS:

Wer bin ich? Ich will mir meine Identität bewahren und werde trotzdem Teil einer Verbindung, einer Gruppe sein.

AQUA AMNIOTA HUMANA

Wird aus dem Fruchtwasser gewonnen. Fruchtwasser enthält Wachstumshormone, Proteine, Harnstoff, Elektrolyte und Stammzellen. Es schmeckt und riecht nach den Gefühlen der Mutter und enthält die Reisebeschreibung durch die Schwangerschaft. Wie bei ähnlichen Mitteln (Wassermitteln) fließt auch durch dieses ein Element von Trauer. Ein Gefühl, dass etwas fehlt und unaufgelöst geblieben ist, eine Sehnsucht, zu etwas zurückzukehren, auf der Welt verloren oder verlassen worden zu sein. Es geht um Seelenrückholung.

ZENTRALE THEMEN

- ◇ Verteidigung, Schutz gegen Außenwelt, vor Überflutung, emotionalem Ertrinken; Vorstellung, unter Wasser atmen zu können; Zeitverzerrung; Atemprobleme; den eigenen Geruch erkennen; erkennen, was zu einem gehört und was nicht
- ◇ Allergien, Hauptprobleme, Säuglingsekzem, Wundheitsgefühl der Haut; Dünnhäutigkeit
- ◇ Der Welt nicht gewachsen sein; mit seinem chaotischen Denken und der Selbstentfremdung kann das Bild an Autismus erinnern

BOTSCHAFT DES MITTELS:

Ich gehe den Weg zurück, dorthin, wo alles begann. Neue heilsame Muster werden mich stärken und mein wahres Ich an die Oberfläche bringen.

AMNIONHAUT

Die Fruchtblase besteht aus zwei Eihäuten, die gegeneinander verschiebbar und durchlässig sind. Die innere Amnionhaut besitzt keine Blutgefäße und ist auf die Nährstoffversorgung durch das Fruchtwasser angewiesen. Sie schützt und ist dabei neutral und unsichtbar.

Die medizinisch aufbereitete Eihaut kann bei Patienten mit Verbrennungen in Krankenhäusern als wirksames Heilmittel auf die Haut aufgelegt werden.

Eine eventuell notwendige Gewichtsreduktion aus gesundheitlichen Gründen sollte nur zeitgleich mit dem Aufbau des seelischen Schutzes durchgeführt werden. Dazu eignet sich das homöopathische Muttermittel Amnion ebenfalls.

ZENTRALE THEMEN

- ◇ Das Gefühl, nicht gesehen zu werden
- ◇ Das Gefühl, auf Äußerlichkeiten reduziert zu werden, ohne dabei erkannt zu werden
- ◇ Sensibilität wird überlagert durch Körperfülle
- ◇ Stoffwechselstörungen
- ◇ Mangelhafter Schutz beim Stoffaustausch der Haut (Neurodermitiker)

BOTSCHAFT DES MITTELS:

Ich will Raum für Freude, ich bleibe im Austausch. Meine Hülle dehnt sich nur so weit, wie sich das für mich gut anfühlt.

WIE ICH DIE MUTTERMITTEL EINSETZE

Bei den beschriebenen Mitteln bedarf es feinfühliger persönlicher Interaktion und genauer Differenzierung. Homöopathische Muttermittel besitzen ein universelles Spektrum, das zu groß ist, um es in eine Rubrik zu pressen, doch ihr Bezug zu unserer Entwicklung ist nicht zu leugnen.

Um das passende Mittel (lat.: Simillimum) zu finden, sind sowohl die seelischen als auch die körperlichen Symptome wichtig. Bei der Mittelfindung ist die kinesiologische Testung, bei der der Körper selbst die Auswahl trifft, hilfreich. Ich staune immer wieder, wie treffsicher die nicht bewusst gelenkte Körperweisheit ist. Oft »spricht« eine Arznei bereits zum Patienten, während er ein Mittel einfach nur in der Hand hält.

Unter Homöopathen bestehen unterschiedliche Auffassungen bezüglich Verabreichungsweise, Dauer der Anwendung und Potenzierungen. Aus persönlicher Erfahrung ziehe ich Globuli den Dilutionen (Lösungen) vor. Ein Mittel wirkt nicht besser oder stärker, wenn es höher konzentriert oder dosiert wird. Es wirkt dann anders! Bei akuten Zuständen werden niedrigere Potenzen in kürzeren Abständen verabreicht. Es kann sein, dass es mit der Zeit mit der Höhe der Potenzen nach oben geht und die Gaben dafür seltener erfolgen.

Um mit der Auswahl, Anwendung und den Erfolgen der Muttermittel noch vertrauter zu werden, biete ich Workshops an und lade Sie ein, sich über Termine und Veranstaltungsorte auf meiner Website (siehe Seite 222) zu informieren.

Bei einer chronischen beziehungsweise schon länger bestehenden Thematik oder aber einer konstitutionellen Behandlung hat sich häufig eine höhere Potenz mit einer einmaligen Gabe von drei Globuli bewährt. Diese kann gegebenenfalls in einem monatlichen Abstand noch einmal wiederholt werden.

MUTTER-KIND-BINDUNG

»In der Natur ist alles mit allem verbunden, alles durchkreuzt sich, alles wechselt mit allem, alles verändert sich eines in das andere.«

GOTTHOLD EPHRAIM LESSING (DEUTSCHER AUFKLÄRER)

Die Art der Bindung mit Ihrer Mutter hat unterschiedlichste Formen, wie wir sehen werden. Sie hat die Weichen dafür gestellt, ob Sie sich neugierig auf die Welt einlassen, Enttäuschungen wegstecken und negative Emotionen verarbeiten können. Das alles steht im Zusammenhang mit der Fähigkeit zur Regulierung und Beherrschung der eigenen Gefühle.

Die Entwicklungspsychologin Mary Anisworth (1913–1999) war eine der Hauptvertreterinnen der sogenannten Bindungstheorie. Sie entwickelte in den 1970er-Jahren den sogenannten Fremde-Situation-Test (engl.: »Strange Situation«), ein Experiment zur Untersuchung der Bindungsqualität eines Kleinkinds zwischen 12 und 20 Monaten zu seiner Mutter.

Je nach Reaktion der Mutter entwickeln sich Bindungsstile. Als »innere Arbeitsmodelle« greifen wir darauf im späteren Leben besonders in Krisensituationen zurück.

Bindung bedeutet, dass eine Beziehung Sicherheit und Geborgenheit vermittelt. Kinder äußern ihre Bindungsbedürfnisse, indem sie durch Klammern, Schreien, Weinen oder Lächeln die Bezugsperson – in aller Regel die Mutter – an sich zu binden versuchen. Im Idealfall bietet sie ihrem Kind eine sichere Basis, von der aus es seine Umwelt erkunden und zu der es bei Unwohlsein zurückkehren kann.

In dem »Fremde-Situation-Test« trennte man die Kinder innerhalb einer fremden Umgebung kurz von der Mutter, bevor es zur Wiedervereinigung kam. Anisworth stellte dabei mehrere Ausprägungen von Bindungstypen fest.

DAS SICHER GEBUNDENE KIND

Vertrauen in die Zuverlässigkeit und Verfügbarkeit der Bindungsperson ließ das Kind entspannt und ungestört spielen und die Umgebung erkunden. Sobald die Mutter den Raum verlassen hatte, reagierte das Kind deutlich mit Rufen, Suchen und Weinen und wirkte sehr gestresst. Es verlangte nach der Mutter und ließ sich von einer fremden Person nicht trösten.

Sobald die Mutter wieder den Raum betrat, zeigte das Kind seine Freude und suchte sofort den körperlichen Kontakt. Es war schnell getröstet und wandte sich wieder dem Spiel zu.

Späterer Bindungsstil

Im Erwachsenenalter entspricht dies einem sicher-autonomen Bindungsstil. Personen, die in der frühen Kindheit sicher gebunden waren, entwickeln selbst eine höhere Beziehungssensibilität, Feinfühligkeit, emotionale Intelligenz, Belastbarkeit in Krisen und bei Herausforderungen.

DAS UNSICHER-VERMEIDENDE KIND

Ein Teil der beobachteten Kinder erschien bei Abwesenheit der Mutter weder beunruhigt, noch zeigten sie Anzeichen des Vermissens. Sie spielten scheinbar ohne Einschränkung weiter und akzeptierten eine fremde Person als Ersatz. Bei Rückkehr der Mutter erfolgte keine besondere Reaktion. Oberflächlich betrachtet erschienen diese Kinder als besonders selbstständig. Die Kleinen wiesen jedoch eine beschleunigte Herzfrequenz, einen erhöhten Stresshormonspiegel und eine deutliche Anspannung auf. Das deutet darauf hin, dass sie sehr wohl unter der Trennung litten.

Späterer Bindungsstil

Das erlaubt auch Rückschlüsse auf den bevorzugten Bindungsstil im Erwachsenenalter: Beziehungen werden zum Beispiel idealisiert und emotionale Vernachlässigung nur schwer erkannt, das Bedürfnis nach liebevoller Zuwendung ist zum Teil eingefroren oder wird zumindest unter Verschluss gehalten. Wer bereits als Kind gelernt hat, seine Gefühle zu verbergen und zu unterdrücken, um Zurückweisung nicht permanent erfahren zu müssen, kann daraus eine traurige Routine entwickelt haben.

DAS UNSICHER-AMBIVALENT GEBUNDENE KIND

Diese Kinder zeigten ein übersteigertes Bindungsverhalten, klammerten sich an die Mutter und suchten ununterbrochen Nähe. Auf Trennungen reagierten sie gestresst mit Schreien, Toben und Panik. Oft spiegelt sich in einem solchen Verhalten des Kindes das Bindungsmuster der Mutter mit ihren Trennungsängsten. In dieser Konstellation versucht sich die Mutter über ihr Kind psychisch zu stabilisieren.

Weil sich diese Kinder stark auf die Bindungsperson fixierten, waren sie beim Spielen und Entdecken eingeschränkt. Sie erlebten die Mutter als nicht berechenbar. Die Kinder reagierten mit Ärger und Abwehr auf Trost, suchten im nächsten Moment jedoch wieder Nähe und Kontakt.

Späterer Bindungsstil

Als Erwachsene tun sich diese Personen schwer, negative Gefühle zu integrieren. Sie scheinen in früheren Beziehungen gefangen zu sein und fühlen sich oft wie »bindungsverstrickt«.

DAS UNSICHER-DESORGANISIERT GEBUNDENE KIND

Die Kinder verhielten sich emotional widersprüchlich und unbeständig. Bei ihnen konnte keine bestimmte Reaktion oder ein bestimmtes Verhalten weder bei der Trennung noch bei der Rückkehr der Mutter beobachtet werden.

Vielmehr erschien es, als hielten sie nach der Trennung in ihrem Bewegungsablauf für die Dauer von einigen Sekunden inne, so als erstarrten sie kurzzeitig in Form eines »Steckenbleibens zwischen zwei Verhaltenstendenzen«: Sie zeigten Angst und Freude sowie das Bedürfnis nach Nähe und Abwendung zeitgleich. Die Mutter schien gleichzeitig Quelle wie auch die Auflösungsmöglichkeit der Angst zu sein.

Möglicherweise sind bei den Müttern durch die Interaktion mit ihren Kindern unverarbeitete traumatische Erfahrungen wach geworden. Sie konnten dann für ihre Kinder emotional nicht erreichbar sein, obwohl sie körperlich anwesend waren. Oder die Kinder wurden selbst traumatisiert.

Späterer Bindungsstil

Erwachsene mit diesen Bindungserfahrungen reagieren häufig irrational oder für Außenstehende schwer nachvollziehbar. So können Tod oder Trennung zum Beispiel Verhaltensauffälligkeiten bis hin zu Verhaltensstörungen auslösen.

ÄUSSERE UMSTÄNDE, DIE DIE BINDUNG BEEINFLUSSEN

Je nach Art und Qualität der Bindung, die eine Mutter in der Lage war, ihrem Kind anzubieten, und je nach eigener Persönlichkeit reagierten die Kinder im Experiment.

Mitunter gibt es aber auch Umstände, die ein Bindungsmuster regelrecht diktieren, den Betroffenen kaum eine Wahl lassen. Umso wichtiger sind dann »Ausweich-Bindungspartner«.

Eine psychische oder körperliche Erkrankung der Mutter, eines Geschwisterkindes oder eines anderen Familienangehörigen kann zu Zurückweisungen oder Unterbrechungen von Bindungswünschen führen. Das Kind erlebt die Frustration, wenn sein Bedürfnis nach Nähe und Geborgenheit nicht gestillt wird. Es kann sogar versuchen, durch Gewalt diesen Wünschen Ausdruck zu verleihen.

Beachtung finden diese Ausbrüche leider oft erst im Teenageralter, wenn Prozesse nur noch schwer umkehrbar sind. Andere Kinder sind stille Leider und nehmen es als gegeben hin, immer nur in der zweiten Reihe platziert zu werden.

WELCHER BINDUNGSTYP SIND SIE?

- ◇ Haben Sie eine Idee, welcher Bindungstyp Sie sind?
- ◇ Gibt es in Ihrem Leben stabile, seit Jahren bestehende Bindungen und Freundschaften?
- ◇ Werden Sie initiativ und tun Sie etwas für die Pflege einer Bindung: ein Anruf, eine Einladung, ein Zeichen, dass Sie an einen Menschen gedacht haben, der für Sie wichtig ist.

MUTTER UND DAS ÜBER-ICH

Der Begriff Über-ICH bezieht sich auf das Gewissen eines Menschen und wurde von dem österreichischen Begründer der Tiefenanalyse, Sigmund Freud (1856–1939), geprägt. Das Über-ICH ist dabei Bestandteil eines von ihm entwickelten Persönlichkeitsmodells. Bei diesem Modell gibt es drei Grundinstanzen: ES (= Ich will), ICH (= Ich kann) und Über-ICH (= Ich soll).

Neugeborene werden erst mal nur durch Impulse und Triebbedürfnisse gesteuert. Das Überleben wird so gesichert. Ein Baby wäre nach der Geburt ohne (mütterliche) Hilfe nicht überlebensfähig. Es braucht weiterhin eine Einheit mit einer engen Bezugsperson, schreit förmlich nach sofortiger Bedürfnisbefriedigung und kennt weder Rücksicht noch Geduld oder Einsicht. ES folgt nur dem Lustprinzip: »Ich will!«

Mit der Fähigkeit zu gehen und zu sprechen beginnt ein kleiner Mensch eigenständig zu werden. Ein Ich-Bewusstsein entwickelt sich. Mit dem Sprechen lernt ein Kind zu unterscheiden. Die Sprache ist auch ein wichtiges Instrument für Erinnerung und Bewusstsein, also für Identität. Es kann nun seine Bedürfnisse weit besser als durch Weinen mitteilen. Das ICH organisiert nun die bewussten Persönlichkeitsanteile. Dem Kind wird bewusst: »Ich kann.«

Mit der Trotzphase beginnt sich ein Kind bewusst zu widersetzen. Das ist für Eltern eine mitunter recht anstrengende, schwierige Phase. Lassen sie Ihrem Kleinen alles »durchgehen«, dann bleibt es zu stark auf sich selbst und seine eigenen Bedürfnisse konzentriert. Sind Grenzen andererseits zu eng, zu rigide, dann bekommt es keinen Anschluss an sein Potenzial. Besonders verwirrend sind für ein Kind keine nachvollziehbaren und erkennbaren Grenzen – wenn das, was an einem Tag erlaubt und unterstützt worden ist, am nächsten Tag verboten oder sogar bestraft wird.

Gelingt Eltern und dem weiteren sozialen Umfeld des Kindes eine gesunde Vermittlung von Grenzen und Normen, dann übernimmt das Kind diese und hält sich auch daran, wenn es nicht überwacht oder kontrolliert wird. Das Über-ICH ist sozusagen das Wissen um Gut und Böse und folgt dem Prinzip »Ich soll«. Die Grundlage für unsere Charakterbildung wurde in unseren ersten Lebensjahren gelegt. Und wer hat uns bei den meisten dieser Phasen begleitet und am nachhaltigsten geprägt?

Die drei Instanzen wachsen, interagieren und verändern sich während unseres ganzen Lebens. Das wird dann Persönlichkeitsentwicklung genannt. Was dabei herauskommt, ist unser Charakter.

Wobei wir wieder einmal bei der Mutter angelangt sind. Kinder entwickeln sich zum Glück auch dann zu gesunden Persönlichkeiten, wenn die Mutter, der Vater oder andere Bezugspersonen nicht immer alles richtig gemacht haben. Allerdings muss »das Grundklima« stimmen.

- ◇ Ein gesundes Über-ICH kann seine Wertvorstellungen im Laufe des Lebens dynamisch anpassen. Das Über-ICH ist dann zwar ein innerer Kritiker, aber der verhält sich realistisch und angepasst an die jeweilige Situation.
- ◇ Vor allem ES (Unterbewusstsein, Triebe) und Über-ICH (Gewissen oder Kontrollinstanz) sind zeitlebens immer wieder am Streiten. Moralische Erwägungen und soziale Konsequenzen konkurrieren mit der Bedürfnisbefriedigung.
- ◇ Das ICH hat dabei die Aufgabe, zwischen widersprüchlichen Impulsen zu vermitteln und zu versöhnen.

Was passiert, wenn sich die drei Bereiche nicht störungsfrei bilden konnten?

Die restriktive Mutter

Ein wesentlicher Störenfried für ein glückliches Dasein ist ein hyperaktives Über-ICH. Ein Gewissen, das nie Ruhe gibt. Unermüdlich nörgelt, kritisiert, verunsichert, bewertet, bremst und hemmt es. Die restriktive, allzu strenge Mutter könnte die Schöpferin und Verbündete dieses Über-Ichs sein. Loslösungsbestrebungen eines Kindes werden grundsätzlich kritisch gesehen, ja sogar als Loyalitätsverrat gewertet.

Freier, ungezwungener Ausdruck von Selbstbestimmung, Kreativität, Lebensfreude und Sexualität können durch ein allzu aktives Über-ICH überschattet oder gar gebremst werden. Wenn es zu gut oder zu schön im Leben wird, dann meldet sich der innere Kritiker. Betroffene bestrafen und bremsen sich jeweils, bauen unabsichtlich einen Unfall, werden krank oder scheuen ängstlich zurück. Sie bemerken nicht, dass sie unbewusst einen Teil der strafenden, verurteilenden Mutter in sich aufgenommen haben und so quasi einen mütterlichen Stellvertreter ständig mit sich herumtragen. Das Kind (und später der Erwachsene) fühlt sich so, als müsse es sich bei der – gekränkten inneren – Mutter für sein Glück entschuldigen oder zumindest dafür eine Form von Strafzinsen bezahlen in Form von einem schlechten Gewissen.

Diese Persönlichkeit versucht durch Beschwichtigungen oder Kompensationsleistungen Abbitte zu leisten.

Die nicht präsente oder labile Mutter

Hinter Aggressionen gegenüber anderen oder sich selbst steckt oft das andere Extrem: ein starkes Es und ein schwaches Über-Ich. Eine nicht gelingende Trieb- und Affektkontrolle setzt sich dabei bis ins Erwachsenenalter fort. Dahinter verbirgt sich oft das Gefühl der Ohnmacht und Angst oder Unsicherheit. Das Gewissen reagiert gar nicht, schwach oder verzögert.

Oft ist dies eine Reaktion auf fehlende, nicht präsente oder wechselnde Bezugspersonen. Die frühkindlichen Erfahrungen mit Grenzsetzung mögen unberechenbar, unverständlich, unangemessen oder nicht ausreichend gewesen sein.

RAMBO ODER EINSTEIN

Die Mutter bestimmt das Umfeld des Kindes, und zwar vollständig von der Geburt an und zu einem erheblichen Anteil danach.

Michael Meaney ist Professor an der McGill-Universität für biologische Psychiatrie in Montreal und stellte Überlegungen dazu an, wie sich Angst und Stress der Mutter auf die Hirnentwicklung des Kindes, sein späteres Verhalten und sogar auf den genetischen Zugriff (Epigenetik) auswirken.

Das Verhalten der Mutter ist auch beteiligt an der Regulation der für Stressantworten zuständigen Erbanlagen.

Es gibt Gene im kindlichen Hirn, die an der Steuerung der Stressempfindlichkeit mitwirken. Je liebevoller und entspannter eine Mutter ist und je mehr Nestwärme ein Baby erhält, desto mehr werden die Erbanlagen heruntergeregelt, die es stressempfänglich machen. Mütterliche Zuwendung beeinflusst ferner die Aktivität eines Gens, das für das Andocken von beruhigenden Hormonen zuständig ist. Im Tierversuch konnte nachgewiesen werden, dass bei vernachlässigten Rattenwelpen dieses Gen abgeschaltet war.

Nun ist Stress per se als biologisches Überlebensprogramm nicht schlecht. Zur Erhaltung seiner Art muss ein Lebewesen überleben und sich fortpflanzen. Dazu war in Urzeiten eine starke Stressreaktion von Vorteil, da sie die Überlebenschancen verbesserte. Zum Beispiel erhöht Schreckhaftigkeit die Fähigkeit, rasch zu flüchten, und das Stresshormon Cortisol unterdrückt Entzündungen und macht schmerzunempfindlicher.

Daraus kann man laut Meaney folgern, dass Kinder, die von ihrer Mutter wenig Nestwärme erhalten, unbewusst auf eine gefahrvolle Zukunft mit verminderter Überlebenswahrscheinlichkeit vorbereitet werden. Er betont, dass das Ausmaß an Stress, dem die Mutter ausgesetzt sei, die Art der Kindererziehung beeinflusse. Anstrengende Umweltbedingungen hinderten die Mutter demnach daran, sich intensiv um ihren Nachwuchs zu kümmern. Damit signalisiere sie ihrem Nachwuchs aber auch unbewusst, dass er sich auf eine wenig behagliche Zukunft einstellen müsse. Man denke dabei an Kinder in Kriegsgebieten oder Fluchtsituationen. Die Programme der Natur sind so gesehen zwar hart, aber, wenn es ums Überleben geht, sinnvoll.

Im Umkehrschluss könnte man nun fragen, ob Kinder, die viel Nestwärme erhalten haben, schlechter für ein gefahrenreiches Umfeld gerüstet sind. Wenngleich Meaney einräumt, dass das eine radikale Sichtweise ist, stimmt er dem grundsätzlich zu. Denn das Gehirn verfüge nur über ein begrenztes Ausmaß an Energie, die es auf zweierlei Art investieren könne: in Hirnareale, die dafür sorgen, dass man immer vorsichtig sei, Gefahren rasch erkenne und sich rasch in Sicherheit bringe – oder aber in solche Gehirnregionen, die zum Lernen und für die Gedächtnisleistung vonnöten seien. Indem sie die Entwicklung in die eine oder andere Richtung lenke, modelliere die Mutter somit unwissentlich das Gehirn ihrer Kinder.

Führt man diesen Gedanken noch weiter, dann fährt ein Kind, das wenig Vertrauen und Unterstützung bekommt, vielleicht mit einer egoistischen, wenig mitfühlenden Lebensstrategie besser. Anstatt sich auf Menschen in seiner Umgebung zu verlassen, verlässt es sich lieber auf sich selbst und ist später sehr vorsichtig, womöglich unfähig, vertrauensvolle Nähe zuzulassen.

Ein Straßenkind entwickelt wohl andere Bindungsstrategien als das behütete Einzelkind. Ein Kind von vielen Geschwistern wird wieder andere Beziehungsmuster entwickeln.

Wie schätzen Sie sich selbst ein? Sind Sie eher der Kämpfer oder der Denker? Wie gut sind Sie im Einschätzen anderer Menschen?

Hoffentlich sind Sie nicht unter extremem Stress geboren und aufgewachsen. Aber es ist auch eher unwahrscheinlich, dass Ihre Mutter immer und ausschließlich entspannt, liebevoll und aufmerksam war. Meist erleben wir eine Mischung aus beidem. Vielleicht mit einer Neigung in die eine oder andere Richtung. Sogar unsere Gene beziehungsweise der Zugriff auf diese (Epigenetik) wurde durch das Verhalten unserer Mütter bis hin zu den Großmüttern beeinflusst.

AFFENLIEBE

»Mamas sind wie Rockstars: Sie sind ständig auf Tour, machen die Nächte durch, ihre Fans wollen zu ihnen ins Bett, sie rocken das Haus und ›the show must go on‹, auch verschwitzt und mit kaputter Frisur!«

UNBEKANNT

Mutterliebe ist unsere erste Liebe. Sie bleibt das Grundmodell der Erfahrung, geliebt zu werden. Kinder lernen zu lieben. Sie sammeln Erfahrungen beim Geben und Nehmen und beobachten, entwickeln Mitgefühl, Offenheit, Vertrauen, Achtung vor dem anderen, Selbstachtung, Geborgenheit und Lebensmut.

Ihr ureigenes Verlangen, gesehen, beachtet und ernst genommen zu werden, will befriedigt werden, um einen gesunden Selbstwert zu empfinden. Wir brauchen Nähe, aber auch Autonomie, um schließlich als Erwachsene losgelöst, aber nicht verloren oder isoliert zu sein.

Das unter Affen übliche Pflegen, Kuscheln und Säugen führte im 18. Jahrhundert zu dem Begriff »Affenliebe«. Umgangssprachlich ist damit die übertriebene Liebe zum Kind gemeint.

Das Verständnis einer guten Kindheit und wie sie in aller Regel von Erwachsenen gestaltet wird, verändert sich immer wieder. Im 19. Jahrhundert beispielsweise wurde das Kind zum Selbstdarstellungsprojekt eines aufstrebenden Bürgertums und die Kindheit normiert. Ein Kind sollte so zu einem wertvollen Bürger heranwachsen. Der US-amerikanische Kinderarzt Luther Emmett Hold (1855–1924) und sein Landsmann, der Psychologe und Begründer der Schule des Behaviorismus John

B. Watson (1878–1958) revolutionierten zu diesem Zweck auf traurige Art und Weise die frühkindliche Erziehung.

Hold empfahl in seinem Werk *The Care and Feeding of Children*, dass ein Kind in einem Einzelbett entfernt von der Mutter liegen und nicht in den Schlaf gewiegt werden solle. Er legte schon für das Neugeborene Flaschenfütterung nahe, die in sturen Vier-Stunden-Intervallen erfolgen solle, und warnte davor, ein schreiendes Baby aus seinem Bett hochzunehmen.

Watson riet Eltern in seinem Buch *Psychological Care of Infant and Child*: »Es gibt eine verständige Art, Kinder zu behandeln. Umarmen und küssen Sie sie niemals, lassen Sie sie niemals auf Ihrem Schoß sitzen. Wenn Sie müssen, küssen Sie sie einmal auf die Stirn, wenn Sie Gute Nacht wünschen, und schütteln Sie ihnen morgens die Hand.«

Menschen aus einer von dieser Gefühlskälte geprägten Kinderstube trugen mit Sicherheit emotionale Narben und Defizite davon. Ein Zusammenhang mit einer autoritätshörigen, wenig eigenverantwortlichen Generation drängt sich auf.

Heute wird die Zärtlichkeit der Eltern gegenüber ihren Kindern begrüßt. Die Affenliebe als Liebe der Affenmutter zu ihrem Baby gilt eher als Vorbild, weniger als Warnung: Kinder brauchen Hautkontakt, brauchen Zärtlichkeiten.

Jeder Mensch hat das grundlegende Bedürfnis, sich zu spüren. Das naheliegendste Spüren findet in der Interaktion mit seinesgleichen statt, dem innigen Kontakt Haut an Haut mit der Mutter und später mit anderen Menschen, die wir lieben. Das ist der stärkste Beweis für unsere Existenz.

Sich spüren über innigen Hautkontakt ist viel nachdrücklicher als das Empfinden bei Extremsport oder anderen waghalsigen Unternehmungen.

Seit Beginn der Menschheit war es selbstverständlich, dass Babys von der Mutter getragen wurden. In der engen Resonanz mit Mutters Haut und ihrem Körper sehen, riechen, spüren, schmecken und hören die Kleinen das, was ihnen vertraut ist und guttut. Für Angehörige von Naturvölkern wird die zivilisatorische Angst, ein Kind durch ständigen Körperkontakt zu verwöhnen, als Witz betrachtet. Tatsächlich lachen sie darüber, wenn man ihnen, wie bei einer Studie geschehen, einen derartigen Vorschlag unterbreitet. Eine moderne Multitasking-Mama mag das anders sehen. Die Mutterrolle wird in den westlichen Industrienationen kaum gefördert, oft sogar untergraben. Es gibt auch Mütter, die durch eigene Traumatisierung so verletzt sind, dass sie, ohne dies zu beabsichtigen oder auch nur zu bemerken, ihr Kind vernachlässigen. Ungünstige Prägungen können dazu führen, das eigene Baby als Bedrohung zu erleben.

WIE WURDEN SIE GELIEBT?

- ◇ In welchem Umfeld ist Ihre Mutter groß geworden?
- ◇ In welchem Umfeld ist Ihre Oma aufgewachsen?
- ◇ War Ihre Mutter ein gewünschtes, geliebtes Kind?
- ◇ Kennen Sie Ihre Mutter als eine Frau, die für ihre eigenen Bedürfnisse eingestanden ist?
- ◇ Wie gut kennen Sie eigentlich Ihre Mutter? Ihre Vergangenheit ist Ihr Anfang!
- ◇ Wie nehmen Sie sich selbst wahr?
- ◇ Spüren Sie sich im Austausch von Zärtlichkeit?
- ◇ Ist Liebe für Sie nur eine Reaktion auf den Sexualtrieb, als einzige Ausdrucksform körperlicher Nähe?
- ◇ Können Sie in der Liebe ungehemmt proaktiv sein?
- ◇ Haben Sie Angst vor Nähe, vor Zurückweisung?

Die moderne Forschung und – was viel wichtiger ist – die seit alters überlieferten untrüglichen Instinkte bestätigen: Es ist unmöglich, Kinder zu viel zu lieben.

Allerdings gibt es schädliche Formen von Liebe.

IN DER KUSCHELHÖLLE

Mutterliebe wird als selbstlose Hingabe idealisiert und nebenbei oft die mütterliche Selbstaufopferung als selbstverständlich gefordert. Doch wie sollen Mütter, die blind gegenüber ihren eigenen Bedürfnissen sind, sensibel auf die ihrer Kinder reagieren? Das ist ein Widerspruch in sich selbst.

Nicht wenige Mütter sind heute auf sich allein gestellt, weil ein unterstützender liebevoller Partner und Vater ihrer Kinder im Alltag fehlt oder seinen Aufgaben nicht nachkommt. Wird eine Frau so in die Rolle der Selbstaufopferung gedrängt, mit dem ganzen Programm an emotionaler und körperlicher Ausbeutung sowie Unterdrückung ihrer eigenen Bedürfnisse, so hat das schwerwiegende Folgen auf mehreren Ebenen.

Überforderte Frauen nehmen beispielsweise ihrem Kind oft zu früh die Kindheit, übertragen ihm zu viel Verantwortung, ziehen es ins Vertrauen und geben damit die eigene Überforderung an das Kind weiter.

Neben körperlicher und seelischer Erschöpfung wird Ausbeutung oft auf subtile Weise weitergereicht: Kompensiert wird dann über die Kinder.

Dann gibt es Frauen mit einem ungestillten oder unstillbaren Bedürfnis nach Bewunderung und Liebe. Am einfachsten suchen sie diesen Mangel dann über ihre Kinder zu befriedigen. Kleinkinder sind diesen Müttern auf Gedeih und Verderb ausgeliefert, weil sie sich schwerlich wehren und beklagen können und allein, um zu überleben, der Mutter gefallen müssen. Leider haben diese

Frauen kaum Antennen dafür, wie sehr ihr Verhalten ihre Schutzbefohlenen beeinträchtigt. Sie können sich nicht in ihre Kinder hineinversetzen, weil sie so sehr mit sich selbst beschäftigt sind.

Das Bedürfnis von Kindern nach Liebe und Nähe drückt sich unterschiedlich aus und ist auch abhängig von der jeweiligen Lebensphase. Spürt ein Kind, dass seine Signale aufgegriffen und respektiert werden, dann ist es auch später sicher im Umgang mit Berührungen und Liebesbekundungen.

Manchmal lassen Kinder den Drang ihrer Mütter, sie zu kosen und zu knuddeln, nur unter Protest oder widerwillig über sich ergehen. Sie erleben dies dann nicht als Ausdruck mütterlicher Liebe, sondern, wenn sie ständig als Blitzableiter mütterlicher Affekte instrumentalisiert werden, sogar als Übergriff.

Was ist schiefgelaufen, wenn eine Mutter das Kind mit ihrer Liebe zu erdrücken droht? Wenn ihre übermäßige Aufmerksamkeit das Kind überschwemmt, ohne dabei seine Grenzen und die tatsächlichen Bedürfnisse zu sehen? Oft liegt diesem Verhalten der Versuch zugrunde, einen erlebten Mangel zu beheben und die Leere, die gefühlte oder erlebte Lieblosigkeit in der eigenen Biografie durch die Nachkommen zu füllen und zu heilen: »Du musst mich doch lieben, schau, was ich alles für dich tue!« Damit kompensiert eine Mutter ihr mangelndes Selbstwertgefühl, ihre schwach ausgeprägte Selbstliebe und ihre Unsicherheit.

Es gibt auch Kinder, die dadurch in einen Zustand der inneren Schuld getrieben werden, den sie meinen, ausgleichen zu müssen und zurückzugeben, was sie bekommen haben.

Kinder reagieren unterschiedlich auf ein übergriffiges Verhalten. Einige erdulden, andere blockieren und verschließen sich immer mehr oder sie begehren auf und werden irgendwann aggressiv.

So wird aus der Liebe und Aufopferung der Mutter mehr und mehr Vereinnahmung, Zwang und Kontrolle. Beim Kind entwickeln sich Schuld und Wiedergutmachungszwänge.

FRAGEN AN SIE

- ◇ Hat Ihre Mutter eigene unerfüllte Sehnsüchte und Wünsche auf Sie übertragen?
- ◇ Spüren Sie den Impuls, ständig die Erwartungen anderer Menschen erfüllen oder sogar erspüren zu müssen? Fühlen Sie sich schuldig, wenn Sie Nein sagen? Wie gehen Sie mit Zurückweisung um?
- ◇ Fällt es Ihnen schwer, andere zurückzuweisen?
- ◇ Wurden als Kind Ihre Grenzen respektiert?

Wer Grenzverletzung erlebt hat, signalisiert leider unbewusst oft als Erwachsener: Du darfst meine Grenzen überschreiten. Andere spüren instinktiv diese Schwäche und nutzen sie aus. Damit wiederholen sich Erfahrungen aus der Kindheit und werden mitunter sogar als »normal« empfunden. Für das Kind und den späteren Erwachsenen ist dies ein energetisch zehrender Zustand.

Die Liebe neu erfinden

Wenn Sie sich in solchen Mustern wiederfinden, sich darin gefangen fühlen, dann beginnen Sie Ihr Bild von der Liebe neu zu entwerfen. Die Liebe ist ein Kunststück. Unabhängig davon, wie kreativ Ihre Mutter in der Liebe war, wie steht es mit Ihnen?

Positive Zuwendung und interessierte Aufmerksamkeit sind die Voraussetzungen für die Liebe. Sie können sich jeden Tag anderen Menschen bewusst zuwenden. Diese Zuwendung ohne Kritik und Abwertung ist bereits der Eintritt in eine liebende Haltung dem anderen gegenüber.

Hören Sie auf, alles zu planen, abzusichern und zu meinen, bereits alles zu kennen. Sie verstellen sich sonst damit den Augenblick, um aufmerksam und offen zu sein. Nur die lebensbejahende Zuwendung führt zur Liebe. GEBEN Sie Aufmerksamkeit und damit auch Zuwendung. Das BEKOMMEN ist eine Folge, die schön ist und Freude gibt, aber das Bekommen ist nicht die Bedingung.

Eine ganz wichtige Frage in Verbindung mit der Liebe lautet: Wie achtsam bin ich mit mir selbst?

Hören Sie auf zu fragen, was Sie wohl als Gegenleistung für Ihre Liebe erwarten dürfen oder bekommen werden. Wenn Sie erkannt haben, wie viel Glück und Befriedigung Sie bereits aus der Zuwendung ziehen, dann brauchen Sie die Erwiderung nicht. Sie ist dann allenfalls eine schöne Dreingabe. Lernen Sie sich selbst zu spüren, sich zu fühlen und zu lieben. Liebe beginnt da, wo sie keines anderen bedarf, nämlich in sich selbst.

VON DIENSTLEISTUNGEN UND GESCHENKEN

Wie bitte? Liebe kaufen?

Vieles ist käuflich. Nüchtern betrachtet vermietet ein Kindermädchen seine Kinderliebe, ein Psychologe seine Empathie, ein Pfarrer die Seelsorge, eine Masseuse Zärtlichkeit, eine Prostituierte die sexuelle Intimität. Die angebotenen Dienste sind deswegen nicht alle falsch, verlogen oder geheuchelt. Aber sie sind eine Dienstleistung, weil dafür bezahlt wird. Liebe und Geld passen für die meisten von uns nicht so recht zusammen. Weil unsere ersten Liebeserfahrungen gratis waren. Keine Mutter käme auf die Idee, ihrem Kind zum 18. Geburtstag eine Rechnung für ihre Mutterdienste zu präsentieren.

»Ich schenke dir meine Liebe«, heißt es so schön. Was wir geschenkt bekommen, wird mitunter nicht so geschätzt wie etwas, was wir uns verdienen müssen – leider. Geschenke können wir andererseits auch nicht einfordern und Liebe ereignet sich, wir können sie nicht erzwingen.

Das Bedürfnis nach Liebe ist ein menschliches Grundbedürfnis. Zu Beginn unseres Lebens und wohl auch im Lauf unserer Kindheit müssen unsere Mutter und einige andere Menschen dieses Bedürfnis irgendwie gestillt haben. Der Beweis für diese Behauptung sind Sie. Ohne Liebe hätten Sie nämlich überhaupt nicht überlebt. Im Laufe der Pubertät haben Sie dann eine neue Form der Liebe für sich entdeckt, die Sexualität. Wenn Sie Kinder in die Welt gesetzt haben, dann haben Sie wieder eine neue Form der Liebe kennengelernt. Aber während des ganzen Lebens bleibt eine Sehnsucht nach Verbundenheit, nach exklusiver Zuwendung, so wie ganz am Anfang. Menschen suchen sich deswegen Lebenspartner, mitunter auch Haustiere, allen voran Hunde und Katzen. Es kann mitunter aber Lücken geben, Zeiten, in denen sich ein Mensch mutterseelenallein fühlt. Was dann?

Haben Sie schon einmal von Free Hugs Campaigns gehört, deren Anhänger mittels eines Pappschilds Passanten zu freiwilligem kostenlosem Umarmen einladen?

Gruppenkuscheln

Stellen Sie sich vor, heute steht nicht Zumba, Bauch-Beine-Po-Training, Rückengymnastik oder Yoga auf dem Programm – sondern Kuscheln. Nicht in einem schmuddeligen Swingerclub. Nein, in einer Sporthalle, einem Praxisraum oder in einer Kirche.

»Kuscheln macht glücklich«, steht oft in der Einladung und darunter: »Gönn Dir einen Abend voll Nähe und Geborgenheit. Sich und andere spüren in entspannter Atmosphäre.«

Die Kuschelkandidaten sitzen auf Kissen im Kreis und mustern mit gesenktem Blick die Mitkuschler. Sie überlegen sich, mit wem sie hier kuscheln wollen und mit wem überhaupt nicht. Eine Interessengemeinschaft von Männern und Frauen, von Einsamen hat sich zusammengefunden, einige hübsch, andere nicht, Hausfrauen, Studentinnen, vielleicht eine Musikerin, ein Informatiker, ein Einzelhandelskaufmann, niemand wirklich unsympathisch. Menschen zwischen 25 und 50.

»Schön, dass ihr alle hier seid«, begrüßen die Kuscheltrainer die Runde. Nur ein paar Grundregeln gibt es, sonst ist alles erlaubt: Kein Sex, Kleidung bleibt angezogen und immer schön um Erlaubnis fragen. »Natürlich sind Kuscheln und Sex schwer voneinander zu trennen. Erregende Gefühle kommen bestimmt auf, also spürt die sexuelle Energie und genießt sie. Spielt! Geht so weit ihr wollt! Zieht euch zurück, wenn ihr wollt! Seid mutig! Nutzt die Schutzzone dieses Raumes!«

Nacheinander erzählt jeder kurz, warum er hier ist: Eine junge Physiotherapeutin will nicht nur andere berühren, sondern selbst berührt werden, ein angehender Körpertherapeut will »satt werden und andere satt machen«, der Nächste hat mal wieder Lust auf einen »richtigen Kuschelhaufen«, eine Studentin der Kommunikationswissenschaften will erleben, wie Fremde miteinander kuscheln. »Weil ich im Alltag viel zu wenig Berührungen abbekomme«, sagt eine Frau. »Wir reden einfach zu viel und berühren uns zu wenig.«

Das Kuschelmeeting dauert in etwa so lang wie ein Kinofilm und ist auch nicht viel teurer.

Scheu stehen sich die Teilnehmer gegenüber und werden ermuntert, sich persönlich zu begrüßen. Sie werden langsam lockerer, nehmen die anderen in den Arm. Manche Teilnehmer küssen sich, halten sich minutenlang im Arm. Danach wird geübt, Kuschelangebote abzulehnen. Niemand soll mit jemandem kuscheln müssen, mit dem er nicht kuscheln will. Danach kommt die Ja-Übung. Aufeinander zugehen. Fragen: Ja? Auf die Antwort warten.

Danach soll richtig gekuschelt werden. Alle sitzen in einem Kreis, wie Dominosteine hintereinander. Sie kraulen den Nacken ihres Vordermanns und blinzeln zu den anderen herüber. Nach einigen Anlaufschwierigkeiten haben die meisten die Augen geschlossen, umarmen denjenigen, der vor ihnen sitzt, massieren seinen Kopf, kneten Schultern, kraulen Ohren, streicheln über die Brüste, über Arme und Hände, Finger verschränken sich liebevoll ineinander.

Über den Köpfen liegt ein Gemurmel. Überall haben sich jetzt Menschen zusammengerollt, zu zweit, zu dritt, zu viert, übereinander, nebeneinander, ineinander, kreuz und quer. Manche küssen sich. Drücken ihre Körper aneinander. Es wird wenig geredet und viel geseufzt. Es wird gekichert und gelacht. Alle sehen gelöst und glücklich aus.

Dann ist die Veranstaltung zu Ende, die Letzten stehen schwankend auf, herausgerissen aus der Welt, in die sie zwei Stunden versunken waren. Handys werden eingeschaltet, man verabschiedet sich, geht wieder auseinander. Niemand tauscht Telefonnummern aus, was hier funktioniert, geht draußen nicht.

Was ist hier passiert? – Menschen haben Geborgenheit, Nähe und Zuneigung erfahren und dabei eine Menge Stresshormone ab- und Kuschelhormone aufgebaut.

In unserer Gesellschaft wird aus so etwas Lebenswichtigem wie Körperkontakt schnell sexuelle Betätigung und mitunter auch Belästigung. Zugegeben, die Grenzen sind fließend. Aber haben Sie sich schon einmal gefragt, warum Sex überall und jederzeit angeboten wird, aber Kuscheln mit einander zugewandten Wesen nur ein Nischendasein führt?

DAS GEHIRN LERNT LAUFEN

»Man kann einen Menschen nichts lehren,
man kann ihm nur helfen,
es in sich selbst zu entdecken.«
GALILEO GALILEI (ITALIENISCHER UNIVERSALGELEHRTER)

Das Babyhirn arbeitet bereits im Mutterleib auf Hochtouren. Es hat schon mal damit angefangen, Informationen in seinen Nervenzellen abzuspeichern. An den Enden dieser Neuronen sitzen die sogenannten Synapsen. Diese helfen den Nervenzellen, mit ihrer Nachbarschaft Informationen auszutauschen, damit Netzwerke entstehen können. Nach der Geburt geht es damit so richtig los. Der Austausch zwischen den Synapsen ähnelt dann einem Feuerwerk an elektrischen Strömen.

Neuronen, die zusammen feuern, verbinden sich. Im Kindergehirn sieht es täglich aus wie an einem Silvesterhimmel um Mitternacht. Da wird aufgrund der vielen neuen Eindrücke und Erfahrungen so wild gefeuert, dass sich das Gewicht des Gehirns wegen all der unzähligen Vernetzungen in den ersten zwölf Lebensmonaten verdoppelt.

In der Psychologie gibt es die Hebbsche Lernregel, die besagt: »What fires together, wires together.« (zu Deutsch in etwa: Was zusammen knistert, vernetzt sich auch.)

In Zahlen ausgedrückt bringt das Neugeborene etwa 100 Millionen Nervenzellen mit auf die Welt. Noch unvernetzt, verbinden sich diese Minischaltzellen im Gehirn nach und nach zu einem komplexen Netz. Am Ende seines dritten Lebensjahrs besitzt ein Kind dann schon etwa 200 Billionen Synapsen. Dies entspricht der doppelten Anzahl der Verbindungsstellen in einem Erwachsenengehirn. Bis etwa zum Ende des zehnten Lebensjahres bleibt diese Menge an Synapsen aktiv, um anschließend langsam abzunehmen. Das ist zwar schade, aber schon auch nachvollziehbar, wie Sie noch feststellen werden.

An ein Kind werden enorm hohe Anforderungen betreffend Anpassung und Lernfähigkeit gestellt. Wir mussten, als wir klein waren, in vergleichsweise kurzer Zeit unglaublich viel lernen. Anfangs genügte es noch, nur Reize wahrzunehmen und darauf zu reagieren. Wenn Mama uns angelächelt hat, lächelten wir zurück. Das hat zwar zu Beginn wahre Begeisterungsstürme ausgelöst, aber es gab noch so viele Steigerungsmöglichkeiten.

Die Vernetzungen im Gehirn sind in unterschiedlichen Lebensphasen ganz besonders oder eher weniger aktiv:

- ◇ Die Wahrnehmung über die Augen wird mittels der Neuronen im Hinterhauptslappen gesteuert. Die erreichbare Synapsendichte dieses Hirnbereichs ist bereits in den ersten Lebensmonaten abgeschlossen. Einem blind geborenen Baby kann mitunter durch eine Operation geholfen werden. Erfolgt diese aber nicht so früh wie möglich, kann es sein, dass das Kind von der durch den Eingriff erlangten Sehfähigkeit nicht mehr optimal profitieren kann, weil die entsprechende Hirnregion in dieser Entwicklungsphase nicht angeregt wurde.
- ◇ Die Konzentrationsfähigkeit und planerisches, überlegtes Handeln sind zwischen dem dritten und sechsten Lebensjahr am aktivsten. Ab dem vollendeten vierten Lebensjahr werden die logischen und die kreativen Seiten aktiv. Das Kind kann Situationen besser beurteilen, fängt

an, logisch zu denken und sich in andere Menschen hineinzuversetzen. Es bekommt »Abstand von sich selbst«.

- Mit etwa sechs Jahren nimmt die Fähigkeit zur Selbstkontrolle und die intellektuelle Reife stetig zu. Das Kind kann Bedürfnisse aufschieben und entwickelt ein Zeitgefühl. Es beginnt, sich »vernünftig« zu verhalten, anstatt nur von seinen Bedürfnissen und Gefühlen gesteuert zu agieren.
- Die ideale Zeit, um eine zweite Sprache zu erlernen, endet etwa mit dem siebten Lebensjahr. Nur bis zum Alter von zwölf Jahren werden sprachliche Fähigkeiten und räumliches Vorstellungsvermögen deutlich weiterentwickelt.
- Das Langzeitgedächtnis entwickelt sich etwa ab dem Alter von drei bis vier Jahren. Auf Erinnerungen vor dieser Zeit kann das Kind nur eingeschränkt zurückgreifen (siehe Seite 37).

Es gibt also Zeitfenster, in denen die sogenannte Neuroplastizität oder die Vernetzungsbereitschaft von Neuronen in bestimmten Gehirnbereichen besonders stark ist. Lässt man diese Phasen ungenutzt, also ohne ihre Anregung verstreichen, dann bleiben die Leistungen in diesen Arealen bestenfalls durchschnittlich. Schlimmstenfalls kann es zu lebenslangen Defiziten bei bestimmten Fähigkeiten kommen.

Wenn die zuständigen Synapsen nicht richtig stark feuern dürfen, bilden sie sich beim Eintritt in die Pubertät zunehmend zurück, bis ihre Anzahl mit etwa 100 Billionen der eines Erwachsenen entspricht. Das Lernen fällt nun schwerer, auch die Anpassungsfähigkeit an neue Gegebenheiten lässt etwas nach.

Natürlich spielen auch die Gene eine Rolle. Aber wie auf sie zugegriffen wird, hängt in hohem Maß von Erfahrungen und unserer Umgebung ab.

Prägen bereits vor der Geburt das Verhalten und die Gesundheit der Mutter die kindliche Entwicklung, so sorgen anschließend ihre Aufmerksamkeit, Liebe und Zuwendung dafür, dass sich das Kind in allen Bereichen – nicht nur was die Reifung des Gehirns anbelangt – optimal entwickelt.

Wenn mir bei Patienten oder bei Menschen in meinem Umfeld besonders stark oder schwach ausgeprägte Fähigkeiten auffallen, dann überlege ich gerne, was sich in ihrer Kindheit in bestimmten Lebensabschnitten wohl ereignet hat – oder auch nicht. Meine Schwester beispielsweise saß als Kleinkind oft gegen den Konzertflügel unseres Großvaters gelehnt und hat ihm begeistert gelauscht. Sie hat in dieser Lebensphase auch in Endlosschleifen Langspielplatten mit den Gedichten von Wilhelm Busch gehört und sich gerne vorlesen lassen. Ihre musischen und sprachlichen Fähigkeiten sind heute überdurchschnittlich.

In anderen Fällen weiß ich von Vernachlässigung, langen Krankenhausaufenthalten, Scheidungen oder auch von schwierigen Familienkonstellationen während eines bestimmten Entwicklungszeitfensters. Manche intellektuellen oder sozialen Defizite werden dadurch erklärbarer. Um die Gehirnentwicklung eines Kindes zu fördern, braucht es in erster Linie Liebe und Geborgenheit. Das sind die unabdingbaren Basics. Manchmal braucht es aber auch eine Portion Glück: zur richtigen Zeit am richtigen Ort, mit den richtigen Leuten.

Wo haben Sie Ihre Stärken und wo Ihre Schwächen? Versuchen Sie diese doch mal dem Zeitfenster der verschiedenen Lebensalter zuzuordnen. Vielleicht wird Ihnen ja so manches klar …

HERAUSFÖRDERUNG

Können Sie sich noch an ein paar Ihrer Spielsachen aus der früheren Kindheit erinnern? Haben Sie mit Legosteinen gebaut?

Kennen Sie noch diese Nachziehspielzeuge auf Rollen mit einer Schnur daran und einem Wackelkopf? Besaßen Sie einen Arztkoffer, einen Hampelmann und Murmeln? Hat Ihre Mutter Ihnen vorgelesen? Welche Farbe hatte Ihre Schultüte? Hat Ihre Mutter Ihnen bei den Hausaufgaben geholfen? Waren Sie eher ein Teamplayer bei Vater-Mutter-Kind-Spielen oder liebten Sie kontemplatives Sandkuchenbacken im Alleingang? Was hatten Sie außer *Super Mario* sonst noch auf Ihrem Nintendo?

Kinder sind ohne Ende wissbegierig. Ihre Lieblingsbeschäftigung ist Spielen. War Ihre Mutter aufmerksam, dann hat sie bemerkt, was Sie gerade so interessiert hat, wollte das fördern und ist darauf eingegangen. Damit war schon ein ganz wichtiger Teil Ihrer frühkindlichen Förderung abgedeckt, die noch weit früher begann.

Die Phasen, die ein Kind durchläuft, und seine Entfaltungsmöglichkeiten währenddessen haben großen Einfluss auf sein späteres Verhalten.

Vertrauensvoll oder misstrauisch?

In der oralen Phase nimmt ein Kind über den Mund eine Fülle an Reizen auf. Es nuckelt an der Brust der Mutter, steckt seine Fingerchen und Spielzeug in den Mund, ertastet mit Lippen, Zunge und Gaumen Textur und Geschmack nicht nur von Essbarem. In dieser Zeit entwickelt es ein Urvertrauen. Es weiß, dass über seinen Mund die grundlegendsten Bedürfnisse nach Liebe, Nahrung und Informationen gestillt werden.

- ◇ Sie werden sich nicht bewusst an Details erinnern, aber wie war wohl der Blick Ihrer Mutter, als sie Sie stillte?
- ◇ War er innig, intensiv und zugewandt?
- ◇ Oder abwesend, aufgrund von Depression, Sorgen oder ständiger Ablenkung?

◇ Gab es überhaupt einen innigen Körperkontakt bei der Nahrungsaufnahme oder auch sonst?
◇ Oder hat Ihnen immer wieder eine andere Person die Milchflasche in den Mund gestopft?

Je nachdem, wie stark sich hierbei Urvertrauen ausbilden konnte, ist heute Ihr Vertrauen oder Misstrauen in sich und andere Menschen entwickelt.

Machtvoll oder ohnmächtig?

Wie steht es mit Ihrem Autonomiegefühl und Ihrer Selbstständigkeit? Eine der ersten Kontrollmöglichkeiten hat ein Kind über seine Ausscheidungsorgane. Es verspürt Macht, wenn es hierfür selbstbestimmt Zeit und Ort festlegen kann.

◇ Haben Sie bei dieser Erfahrung den Freiraum erleben dürfen, den Sie brauchten?
◇ Meist klappt diese Kontrolle erst nach und nach. Es galt Rückschläge zu akzeptieren. Wie ging Ihre Mutter damit um, »wenn etwas in die Hose ging«?
◇ Wo es Macht gibt, gibt es auch Ohnmacht und Scham. Waren Sie ein Bettnässer? Was verbinden Sie mit dem Gefühl Scham? Was ist Ihre früheste Erinnerung daran?

Mutig oder schüchtern?

Wussten Sie, dass die Fähigkeit zu Initiative mit der sogenannten phallischen Phase in Verbindung gebracht wird? Das ist die Zeit, in der Sie Ihre Sexualität entdeckt haben. Wurde dieses Erwachen durch unangebrachtes Verhalten in Ihrer Umgebung vorweggenommen oder durch Missbrauchserfahrungen beschädigt? Oder wurde es unterdrückt durch Unwissenheit, Scham oder Bigotterie? Oder ignoriert oder übersehen?

Schön, wenn Sie in dieser Phase liebevoll begleitet worden sind, Ihre Intimität respektiert wurde und Ihre kindliche Neugierde nicht schamhaft unterdrückt wurde.

Gerade in Verbindung mit Lust und Sexualität wird vielen Kindern bewusst oder unbewusst schon früh ein Gefühl von Schuld eingeimpft. Schuldgefühle bremsen aber Initiative. Nur – Sexualität und so manch andere Fähigkeit kann ohne Initiative nicht gelingen.

◇ Gehen Sie Sex mutig an?
◇ Sind Sie sonst auch eher ein Draufgänger oder eher schüchtern-passiv?

Auf Dauer ungenutzte »Hirnressourcen« werden entsorgt, Entwicklungsfenster öffnen und schließen sich, Fähigkeiten entwickeln sich, können aber auch wieder verloren gehen, wenn sie nicht immer wieder geübt und trainiert werden.

Ganz oft kämpfen Mütter wie die Löwinnen, um Härten für ihre Kinder abzupuffern, aber sie können ihren Nachwuchs auch nicht gänzlich verschonen. Oder es stehen als Stimulanzien für das lernende Kind nur ganz einfache Mittel zur Verfügung. Oder eine Mutter ist unerfahren oder unsicher. Auf so viele Entwicklungen hatten unsere Mütter maßgeblichen Einfluss. Wie gut oder wie schlecht ihr Einfluss auch war, er liegt in der Vergangenheit.

Für das richtige Lernen im rechten Moment ist eine anregende, liebevolle Lernumgebung von ausschlaggebender Bedeutung – mit lebenslangen Konsequenzen.

Vielleicht denken Sie jetzt betrübt: Was Hänschen nicht lernen durfte, lernt Hans nimmermehr? Trösten Sie sich: Das ist Quatsch. Es gibt fantastische Kompensationsmöglichkeiten. Sie werden darüber noch einiges lesen.

WAS IST EIGENTLICH EINE GUTE MUTTER?

»Jeder will lieber fremde Fehler verbessert haben als eigene.«
MARCUS FABIUS QUINTILIAN (RÖMISCHER RHETORIKLEHRER)

Kennen Sie die US-amerikanische Filmkomödie *Die Frauen von Stepford*? Die Geschichte geht so:

Joanna ist eine emanzipierte, erfolgreiche, aber rücksichtslose Produzentin von Fernsehshows. Sie wird entlassen und zieht mit ihrem Ehemann Walter nach Stepford. Überrascht stellen beide fest, dass in dem Ort bis auf wenige Ausnahmen die meisten Mütter und Ehefrauen ihre Rolle ohne Widerspruch akzeptieren und nicht nur widerspruchslos, sondern perfekt ausfüllen. Sie sind weiblich hübsch zurechtgemacht, devot sowie vernarrt in ihre wie aus dem Ei gepellten Kinderchen und das blitzblanke Heim. Selbstredend, dass sie dem Gatten am Herd und im Bett stets zu Diensten sind.

Walter, Joannas Ehemann, kommt dahinter, dass den Frauen Mikrochips ins Hirn gepflanzt wurden, die aus ihnen steuerbare Roboter machen. Er zerstört schließlich die Zentrale, von der aus die Frauen ferngesteuert werden – und damit auch das Männeridyll. Die Stepford-Frauen bekommen ihren freien Willen wieder. Womit Walter aber nicht gerechnet hat: Fortan wird der Spieß umgedreht und die Männer werden von nun an dienstbar gemacht.

Spaß beiseite: Auch das ist nicht richtig lustig.

Selbst bei den früheren und späteren Babyboomern war einst alles noch so klar und einfach: Der Patriarch war der Ernährer und erste Instanz in der Familie, die Gattin war Hausfrau und gute Mutter. In dem Moment, in dem Frauen es aber wagten, die ihnen bislang von der Gesellschaft zugewiesene Rolle infrage zu stellen, rückte auf einmal auch die Sorge um das Wohl des Kindes ins öffentliche Interesse. In den letzten Kriegsjahren und der Nachkriegsära war kurzfristig eine aus der Not geborene größere Toleranz gegenüber den Müttern entstanden. Familien mussten ohne den Vater und Ernährer auskommen (wegen Frontdienst, Tod oder Gefangenschaft) und Frauen brachten die Kinder allein durch und galten dabei selbstverständlich als gute Mütter und Versorgerinnen. Die Gesellschaft stellte sich schützend vor diese Mütter. Auch wenn damals so manches nicht optimal für die Kinder ablief, so taten die Mütter ihr Bestes und das wurde honoriert. Sobald sich die Zustände jedoch normalisierten, begann wieder die öffentliche Debatte darum, was gut für ein Kind sei und was denn nun eine gute Mutter ausmache.

Ist es Zufall, dass man die Frage nach den Eigenschaften einer »guten« Mutter besonders heiß zu diskutieren begann, als die Frauen mit Emanzipationsbestrebungen daherkamen?

Darf denn eine Frau Mutterschaft nach eigenem Dafürhalten definieren? Wer soll das Verhältnis von Müttern zu ihrem Kind bewerten? Das Kind selbst, die Mutter, der Vater, die Gesellschaft, das Gesetz, die Ärzte, irgendwelche Experten, Institutionen wie die Schule oder Kirche? Und welche Maßstäbe gelten?

Und dann ist da noch die Frage nach dem Recht:

Das »Recht« des Kindes auf Leben oder das »Recht« der Frau auf Verweigerung der Mutterschaft: Was zählt mehr?

Vordergründig geht es hierbei darum, ob ein Kind zur Welt kommen soll und darf oder nicht. Aber hintergründig geht es auch um die weibliche und speziell die mütterliche Autorität.

Wer entscheidet im Zweifelsfall? Sie merken, das ist verzwickt. So sehr, dass man sich da lieber raushält.

Aber eine Mutter kann genau das nicht, sich raushalten, wenn sie nicht mehr weiterweiß. Sie muss entscheiden, und zwar ständig und oft sehr kurzfristig. Dabei werden ihre Entscheidungen unablässig bewertet und hinterfragt.

Ein grundlegendes Dilemma

Welche Mutter ist die bessere? Die mit ihren Kleinen Plätzchen backt oder die nach der Arbeit, bevor sie die Kinder aus der Krippe abholt, noch beim Bäcker vorbeigeht und Plätzchen kauft? Die eine Mutter will die Arbeit mit einem Mann teilen, die andere nicht. Die eine möchte viele Kinder, die andere nur eines oder gar keins. Die eine gibt die Betreuung ihrer Kinder in andere Hände, die andere übernimmt sie selbst. Die eine Mutter stillt, die andere nicht. Und wenn sie stillt, dann fragt sie sich vielleicht: »Wie lange soll, kann, muss ich stillen?«

Es gibt noch andere Fragen, die eine Frau mitunter geradezu qualvoll in die Enge treiben, die sie aber dennoch entscheiden muss: Will ich das Baby, kann ich für ein Kind sorgen, wenn es ungeplant ist, nach einem sexuellen Übergriff entstanden ist oder mit einer gesundheitlichen Beeinträchtigung zur Welt kommen wird? Das Schicksal eines Kindes ist nun einmal eng mit dem der Mutter verwoben und es lässt sich nicht leugnen, dass das Geborenwerden eine enorme Machtfülle der Mutter über das Kind beinhaltet. Sie ist ja schließlich auch diejenige, die am deutlichsten zunächst die Konsequenzen zu tragen hat.

Frauen haben unterschiedliche Vorstellungen davon, was ihren Kindern und ihnen selbst guttut.

Nichts davon ist per se besser oder schlechter, denn das, was für eine Mutter und ein Kind in einer konkreten Situation gut oder schlecht ist, lässt sich nicht verallgemeinern und auch nur ganz beschränkt im Nachhinein bewerten.

Wie steht es mit der Doppelbelastung von Mutterschaft und Beruf? In einem Interview aus dem *Tagesanzeiger* vom 6.3.2013 zog eine Mutter von zwei Kindern und Doktorin der Mathematik mit 80-Prozent-Stelle eine ernüchternde Bilanz. Sie hat nach zehnjähriger Doppelbelastung und einer Erschöpfungsdepression schließlich ihren Beruf, der für sie Freude und Erfüllung bedeutete, an den Nagel gehängt. Auf die Frage, was junge, ambitionierte Frauen aus ihrer Sicht tun sollten, antwortete sie, dass Frauen, die beruflich weiterkommen wollten und davon ausgingen, dass ihr Mann dabei mitzöge, sich niemals darauf einlassen sollten, dass er Vollzeit arbeitet. Wenn sie das tun würden, hätten sie schon verloren.

ERNÜCHTERNDES STATEMENT

»Und so sehr es mich schmerzt, das zu sagen: Solange für Mütter in der Gesellschaft nicht dieselben Maßstäbe gelten wie für Väter, würde ich einer Frau, die ihren Beruf liebt und keinen innigen Kinderwunsch verspürt, auf jeden Fall davon abraten, eine Familie zu gründen.«

Bemerken Sie das Dilemma und den Konflikt hinter diesen Worten? Müttern wird der Spagat zugemutet, Tag und Nacht für die Kinder verfügbar zu sein, zumindest im Herzen Mutterschaft als exklusiven Lebensinhalt in sich zu tragen und gleichzeitig bei Bedarf die Familie ernähren zu können.

Müttern wird es verübelt, wenn sie persönliche Erfüllung auch im Beruf suchen, während das den Vätern mit der größten Selbstverständlichkeit zugestanden wird. Bestand schon das historische Mutterideal aus einem gewaltigen Anspruch, so toppt der aktuelle gesellschaftliche wie auch der Eigenanspruch vieler Mütter diesen um Längen:

Nach der kompetenten Erfüllung der Reproduktionspflichten ist die oft erwerbstätige und gut qualifizierte Frau gleichzeitig Vollblutmutter, Kindercoach, sportlich ambitioniert, gesundheitsbewusst, attraktiv und hat selbstverständlich immer Beine und Achseln enthaart. Die Stepford-Frau lässt grüßen!

Mutter zu sein, hat immer Konsequenzen für die persönliche Lebensgestaltung. Zwischen Anspruch und Realität klaffen bisweilen tiefe Gräben.

FRAGEN AN SIE

- ◇ Wie hat Ihre Mutter diesen Spagat hinbekommen?
- ◇ Fand Ihre Mutter Unterstützung von anderen, als Sie ein Kind waren?
- ◇ Zurück zur Ausgangsfrage: War Ihre Mutter in Ihren Augen eine gute Mutter?
- ◇ Dürfen Sie mit Recht so eine Frage überhaupt stellen?

TOTAL OPTIMAL GIBT ES NICHT

Lassen Sie doch mal die ganzen Hochs und Tiefs des letzten Jahrs Revue passieren: Freude, Liebe, Glück, Erfolge, aber auch Trauer, Wut, Scham, Angst. Je nachdem, wie das Jahr gelaufen ist und was Sie für ein Typ sind, überwiegt das eine oder das andere. Wären Sie in dieser Zeit schwanger gewesen, nichts davon wäre dem Kind entgangen.

Im Bauch Ihrer Mutter bildeten Sie eine Zwangseinheit. Alles, was Ihre Mutter innerlich wie äußerlich bewegte, haben Sie 1:1 miterlebt. Jede Erinnerung ist nicht nur im Gehirn, sondern in jeder Zelle gespeichert.

Bei Weitem nicht alle Mütter sind erfreut, wenn sie erfahren, dass sie schwanger sind. Vielleicht hat Ihre Mutter mit sich gerungen, ob sie ein Kind will oder nicht. Andere Mütter sind geradezu besessen davon, schwanger zu werden. Das Kind im Bauch ist der Hoffnungsträger und schleppt von klein auf die Last mit sich, ein Heilsbringer sein zu müssen. Das klingt dramatisch und ist es aus der Perspektive des Kindes auch.

Die Supermutti

Die Mutter-Kind-Beziehung wird häufig geschönt oder romantisiert wahrgenommen: die Mutterliebe als eine nicht versiegende Quelle, aus der Glückseligkeit und Wonne sprudelt. Dabei wird übersehen, dass eine Mutter nicht 24 Stunden lang und schon gar nicht bedingungslos lieben kann. So manche Mutter ist nach einer Geburt oder einem Kaiserschnitt traumatisiert, leidet durch Blutverluste und Hormonschwankungen an Depressionen, ist überfordert oder unsicher. Zuneigung und die Art der Zuwendung zum Kind schwanken erheblich, je nachdem, wie es ihr körperlich und psychisch geht.

Der Anspruch an Mütter ist gewaltig, daher sind es auch die Enttäuschungen. Mütterschelte ist verbreitet, auch bei Therapeuten.

Nur wenige Mütter kommen aus einem Nest, einem Elternhaus, einem sozialen Hintergrund, in dem ihre Liebesfähigkeit voll entwickelt und ausgereift ist. (Ge)Braucht sie nun unbewusst das Baby für ihre Bedürfnisse, ist das bereits eine emotionale Hypothek auf dem Kind.

Jede Mutter liebt ihr Kind – aber eben nur in der Begrenzung, wie sie es kann.

MUTTERWUNDEN

Es gibt ganz verschiedene Wunden: körperliche und emotionale. Um körperliche Verletzungen optimal zu versorgen, geht es zunächst einmal darum zu unterscheiden, um was es sich handelt. Es gibt zum Beispiel Schnittwunden, Abschürfungen und Verbrennungen. Die Versorgung ist individuell verschieden. Die einen werden genäht, andere geschützt, gekühlt, Haut wird transplantiert. Das Ziel ist in jedem Fall, Infektionen und unschöne Narben zu vermeiden. Eine fachgerechte Wundversorgung schützt vor Komplikationen und führt zu einer raschen Heilung. Eine formvollendete Naht ist sinnlos, wenn die Wunde nicht vorher gesäubert wurde, eine Schürfwunde wird anders behandelt als eine Verbrennung.

Es gibt auch unterschiedliche Formen emotionaler Wunden. Bei der Untersuchung der von Müttern verursachten Verletzungen geht es wieder nicht darum, eine Mutter zu beschuldigen oder anzuklagen. Eine Scherbe, der Straßenasphalt, eine Herdplatte können zu Verletzungen führen. Niemand würde den Nutzen von Glas, Straßen oder Elektroherden aus diesem Grund infrage stellen.

Aber eine der ersten Fragen bei jeder Wundversorgung ist nun einmal, wie es dazu gekommen ist. Ist das geklärt, dann gilt die Aufmerksamkeit und Zuwendung dem Patienten. Emotionale Wunden entstehen bei Kindern auf zweierlei Weisen:

1. Durch das Nichterfüllen der Bedürfnisse nach Liebe, Zuneigung, Führung, Schutz und Grenzen
2. Durch schmerzhafte Erfahrungen

Wir schauen uns nun sechs verschiedene Arten von verletzenden Müttern an. Ich empfehle nicht, dass Sie nach der Lektüre der nächsten Seiten Ihre Mutter anrufen und ihr sagen, in welche

Kategorie sie Ihrer Meinung nach passt. Es geht hier um Wundversorgung und Wundheilung, nicht um Verurteilung.

Die ablehnende Mutter

Eine Schwangerschaft ist nicht immer geplant und gewollt. Manche Frauen sind unerfahren, andere Opfer von Gewalt oder anderer Umstände. Vom Moment der Empfängnis an erhält das neue Leben aber Impulse von der Mutter. Das Kind nimmt Anteil an der Haltung und Einstellung der Mutter. Es spürt, ob und wie lange sie ihre Mutterrolle ablehnt.

Solange Ablehnung vorhanden ist, fehlt der Mutterschutz, Kinder nehmen Ablehnung persönlich. Was sie erleben, formt ihre Persönlichkeit. Geliebte Kinder fühlen sich gut. Abgelehnte Kinder fühlen sich schlecht. Ein mangelnder Nestschutz der ersten Lebenszeit erfordert mitunter langes Kompensieren. Diese Kinder sind oft empfindlicher und verletzlicher.

Die emotional bedürftige Mutter

Ein physisch (durch Tod oder Scheidung, Trennung) oder emotional (Desinteresse) abwesender Vater hinterlässt eine »hungrige« Frau mit ungestillten Bedürfnissen. Was liegt näher, als diese Bedürfnisse durch ihre Kinder zu stillen. Kinder können dann zu Lückenfüllern werden. Solche Mütter mögen auch einzelne ihrer Kinder (bewusst oder unbewusst) bevorzugen.

Bestätigung und Ermutigung, aber auch Begrenzung aus männlicher Perspektive geben einem Kind Halt und Sicherheit. Eine Frau kann unmöglich Vater und Mutter gleichzeitig sein. Kinder emotional bedürftiger Mütter erleben oft eine Bringschuld. Weil sie nicht die »Richtigen« sind, die Bedürfnisse der Mutter zu stillen – beide Parteien spüren das –, fühlen sie sich unzulänglich. Sie empfinden sich als unfähig und inkompetent, schämen sich vielleicht sogar für das Scheitern bei Aufgaben, für die sie noch nicht die nötigen Fähigkeiten haben.

Die erdrückende Mutter

In der Regel ist sich diese Mutter nicht bewusst, dass sie ihre Kinder überbehütet, sie festhält und die Kontrolle behalten möchte. Sie klammert, auch wenn es Zeit ist loszulassen. Sie glaubt, dass sie das Richtige für ihre Kinder tut und für sie sorgt und sie beschützt – aber in Wahrheit erkennt sie nicht die feine Grenze zwischen Ermutigung und Vereinnahmung.

Bevormundete oder überbehütete Kinder geben es in der Gegenwart ihrer Mutter auf, gewisse Bereiche in ihrem Leben zu entwickeln. Das kann zu tiefen Verletzungen, zu Rebellion und Ablehnung führen. Die spätere Lebensrealität ohne Mutters Abfedern wird mitunter als sehr hart empfunden.

Die kritische, ablehnende Mutter

Sie sagt wenig, um ihr Kind zu bestätigen und ermutigen. Sie ist distanziert, eher ungeduldig und kritisch. Sie spürt nicht, ob das Gesagte als beschämend und respektlos vom Kind empfunden wird. Wenn ein Kind abgelehnt oder nicht ermutigt wird, Dinge zu wagen, dann wird es sich schwertun, das nötige Selbstbewusstsein und Selbstwertgefühl zu entwickeln. Ein Kind kann durch harte Kritik, Schuldzuweisung oder Beschämtwerden emotional verletzt, ja sogar missbraucht werden.

Die Kühlschrankmutter

Trösten, das Kind in den Arm nehmen und mit ihm kuscheln ist nicht ihr Ding. Der Mangel an mütterlicher Wärme kann auf eigene Missbrauchserfahrungen oder Verletzungen in der

Kindheit zurückzuführen sein. Es ist auch möglich, dass die Frau unter einer Störung aus dem autistischen Formenkreis leidet. Kinder möchten gerne in eine liebevolle Resonanz gehen. Aber wenn das Gegenüber, die Mutter, nicht entsprechend reagiert, führt das zu Verunsicherung bis hin zur Depression. Diese Menschen können später als Erwachsene ihre Wirkung auf andere nur schwer einschätzen.

Die narzisstische Mutter

Sie erwartet, dass ihr Kind – vor allem ihr Sohn – Spitzenleistungen vollbringt, um sich dadurch selbst bestätigt zu fühlen. Mit der Tochter tritt sie eher in einen Wettbewerb, weil sie sich durch deren Jugend bedroht fühlt.

Wird Kindern vermittelt, dass sie durch Leistung oder ihr Äußeres Anerkennung und Aufmerksamkeit erhalten und nicht um ihrer selbst willen geliebt werden, dann entwickeln sie ein verzerrtes Bild von Liebe.

Während Sie das lesen, können Erinnerungen in Ihnen hochkommen, die schmerzhaft sind. Vielleicht fehlt Ihnen in so manchen Momenten der Anschluss an Grundgefühle wie Wohlbefinden, Sicherheit und Geborgenheit.

Denken Sie daran, was es braucht, damit eine Wunde heilt: Manchmal reinigt sie sich selbst und blutet einfach aus, mitunter muss sie aber erst mal recht schmerzhaft von Fremdkörpern und Verunreinigungen befreit werden. Vielleicht ist sogar ein Splitter eingewachsen. Wenn er nicht stört, dann lassen Sie ihn doch einfach. Sofern er aber immer wieder Beschwerden verursacht, dann kümmern Sie sich darum. Wenn etwas einfach nicht verheilen will oder ein sogenanntes Störfeld entstanden ist, wird es Zeit zu handeln. Fahren Sie auch in solchen Fällen fort mit der begonnenen Selbstreflexion.

FRAGEN ZUR MUTTER

»›Was will ich?‹, fragt der Verstand. ›Worauf kommt es an?‹, fragt die Urteilskraft. ›Was kommt heraus?‹, fragt die Vernunft.«

IMMANUEL KANT (DEUTSCHER PHILOSOPH)

Beobachten Sie und fragen Sie sich doch mal, wie andere Menschen Ihre Mutter erleben und erlebt haben. Spannend ist es, die zugrunde liegenden Denkmuster zu erkennen und daraus für sich zu lernen. Die hier folgenden Kurzbeschreibungen stammen aus Patientengesprächen. In den Aussagen über die Beziehung zur Mutter stecken immer wertvolle Hinweise über das eigene Innenleben (siehe anschließender Kurzkommentar).

WAR IHRE MUTTER ANWESEND ODER EHER OFT ABWESEND?

»Sie war und ist eine abwesende Mutter. Früher, weil sie es so gewählt hat. Heute, weil ich es so wähle. Sie war für mich nie wirklich da, und wenn, dann wirkte sie auf mich unecht. Sie war schön, aber nicht warm. Als ich zehn war, kam mein Bruder zur Welt. Meine Mutter arbeitete dann nur noch Teilzeit. Sie nahm und nimmt meinen Bruder sehr oft in Schutz. Er ist charmant, hat aber Suchtprobleme. Ich musste immer hintanstehen, vernünftig sein, das ist noch heute so. Mein Vater und mein Bruder sind sich sehr ähnlich, wahrscheinlich stehen sie sich deswegen auch so nahe. Sie haben innerlich Magneten, die anziehend auf andere Menschen wirken. Ich hätte auch gerne so einen Magneten, weil ich mich oft allein fühle.«

Das Grundgefühl, als Kind verlassen und allein zu sein, bleibt vielen Menschen auch als Erwachsene. Mit verschiedenen Strategien versuchen sie damit umzugehen. Zum Beispiel, indem sie das Gefühl verdrängen, weil es schmerzt, oder sie kompensieren es, indem sie in Bindungen klammern und ihre Lieben zu kontrollieren suchen. Die erfolgreichste Heilungsstrategie besteht darin, dass Sie sich in diesem Fall selbst durchschauen.

Beim besten Willen können Ihr Partner, Ihre Kinder und Freunde die alte Wunde der Verlassenheit nicht heilen. Die traurige Tochter aus dem Beispiel macht deutlich, dass sie mit ihren Gedanken ihre Einsamkeit und Verlassenheitsgefühle geradezu produziert und nährt.

WIE IST DAS VERHÄLTNIS ZU IHRER MUTTER?

»Ich bin der einzige und spät geborene Sohn. Meine Mutter kontrollierte mich sehr. Sie stöberte oft in meinen Sachen herum, wollte ständig in der Schule bei den Lehrern alles über mich erfahren. Sie nörgelte über meine Freunde und hat sich bis heute noch nicht mit der Wahl meiner Partnerin abgefunden. Sie ist nach wie vor sehr neugierig und setzt sich regelmäßig über Grenzen hinweg. Die Freude, dass ich bald Vater werde, ist getrübt, weil ich genau weiß, dass es mit ihr Probleme geben wird.«

Die kontrollierende, überbehütende Mutter löst im erwachsenen Mann noch immer ein Gefühl der Ohnmacht und des Ausgeliefertseins aus. Er reagiert mit Ärger, Beklemmung, Wut.

Dabei bemerkt er nicht, dass die Mutter längst nicht mehr für diese Situation verantwortlich ist. Der Patient bleibt mit seinen unfreien Gedanken in dem Abhängigkeitsgefühl seiner Kindheit stecken. Er denkt dieselben kindlichen Gedanken wie damals: »Sie lässt mich nicht in Ruhe, lässt mich nicht sein, wie ich bin, will mich kontrollieren.« Erwachsene Gedanken sind: »Meine Frau und ich freuen uns, wir werden Eltern. Ich übernehme Verantwortung für meine Familie und sorge deswegen dafür, dass meine Mutter unsere Grenzen respektiert.«

EMPFINDEN SIE IHRE MUTTER ALS STARK ODER SCHWACH?

»Sie war schon immer kränklich. Ich habe meine Mutter selten so richtig ausgelassen und fröhlich erlebt. Bevor wir Kinder kamen, hat sie im Büro gearbeitet, im Geschäft meiner Großeltern. Mein Vater wollte nicht, dass sie weiter arbeiten ging. Er hat dann das Geschäft übernommen und Mutters Geschwister ausbezahlt. Mein jüngerer Bruder studiert und weiß noch nicht, ob er das Geschäft übernehmen möchte. Ich habe meine Ausbildung im väterlichen Betrieb gemacht und wohne noch zu Hause. Gegenwärtig könnte ich auch gar nicht ausziehen, weil mir meine Fibromyalgie zunehmend zu schaffen macht.«

In dem kurzen Abriss erfahren wir, was die Großeltern, der Vater und der Bruder wollten und wollen. Kein Wort darüber, was sich eigentlich Mutter und Tochter wünschen.

Warum ist die Mutter kränklich? Weil sie übergangen wurde und andere ständig über sie bestimmt haben? Ist das eine Ausdrucksmöglichkeit, um zu sagen: »Ich bin auch noch da«? Hat ihr Körper stellvertretend für sie sein Missfallen bekundet? Die Tochter versucht offensichtlich, das Leiden und die Schwäche der Mutter zu lindern, und nimmt unbewusst ihr Leid auf sich, versucht es zu tragen. »Meine« Fibromyalgie deutet auf eine Identifizierung mit der Krankheit hin, einem schubweise auftretenden, im ganzen Körper verteilten brennenden Schmerz. Der jungen Frau ist zu wünschen, dass sie krank machende Zusammenhänge realisiert, dass sie lernt, eigenes Wollen auszubilden, und begreift, dass sie die Mutter nicht aus ihrem Leid retten wird, indem sie es mit ihr teilt.

WIE HAT IHRE MUTTER IHRE WEIBLICHKEIT GELEBT?

»Ich bin gegen Ende des 2. Weltkriegs geboren. Mein Vater kehrte erst Jahre später, nach seiner Gefangenschaft, zurück. Meine Mutter musste sehr hart arbeiten. Einmal in der Woche füllten wir im Keller in der Waschküche eine Zinkbadewanne mit heißem Wasser, damit sie ein Bad nehmen konnte. Meine Mutter trennte den Bereich mit Wäscheklammern und Tüchern ab. Heimlich habe ich aber schon mal einen Blick zwischen die Tücher riskiert. Nackt kam sie mir vor wie eine fremde Frau, gar nicht wie meine Mutter. Als ich klein war, hat sie sich einmal einen Hut machen lassen. Ich fand sie sehr schön damit. Meine Tante und meine Oma bezeichneten sie deswegen als arrogant. Sie hat den Hut dann höchstens noch ein- oder zweimal getragen. Bis heute reagiert meine Mutter verwirrt, wenn ihr jemand die Türe aufhält oder in den Mantel hilft. Mein Vater trägt zwar schwere Einkäufe, aber von einem Gentleman hat er nicht viel. Er würde meiner Mutter nie bewusst den Vortritt lassen.«

Diese Frage zur mütterlichen Weiblichkeit ist sowohl für Mädchen als auch für Jungen von Bedeutung für das spätere Frau- beziehungsweise Mannsein. Die Einstellung der Mutter ihrem eigenen Körper gegenüber vererbt sie an ihre Tochter. Das Verhältnis der Mutter zu sich selbst ist und bleibt das wichtigste Modell des Mädchens für sich selbst und das des Jungen für seine Partnerwahl.

Vor gut siebzig Jahren war es für Frauen nicht leicht, ihre Weiblichkeit zu schätzen, zu ehren und mit Freude auszuleben. Kein Wunder, dass Kinder ihre Mutter so kaum als körperliches Wesen wahrnahmen. Die gehemmte Weiblichkeit ließ oft auch nur wenig Raum zum Kuscheln, Schmusen und Streicheln. Eine Frau will aber nicht nur als Mutter wahrgenommen werden. Immer – auch wenn sie älter geworden ist – wünscht sie, in ihrer Weiblichkeit erkannt zu werden und geehrt, ja sogar verehrt zu werden. In der Sehnsucht danach jagen viele Frauen einer ewigen Jugend hinterher.

Schön, welche Details dem Sohn hier eingefallen sind. Ob aus ihm wohl ein Gentleman geworden ist?

WORIN BESTANDEN DIE ERWARTUNGEN UND WÜNSCHE IHRER MUTTER AN SIE?

»Mein soziales Umfeld als Kind war stark religiös geprägt. Meine Mutter ging mit großer Selbstverständlichkeit davon aus, dass ich ihr Wertesystem und auch ihren Lebensentwurf übernehmen würde. Solange ich das nicht infrage gestellt habe, hatten wir eine enge Beziehung. Die Reaktion meiner Mutter auf ein erstes Aufbegehren war für mich traumatisch. Sie ist geradezu ausgerastet. Ich war verwirrt, weil ich nicht mehr wusste, ob ich es bin, den sie liebt, oder ob sie das liebt, was ich bisher getan habe, also die Rolle, die ich ausgefüllt habe. Seitdem hat sich unser Verhältnis abgekühlt. Wir sehen uns nur noch selten. Ich bin meinen Weg gegangen und nach und nach musste sie das akzeptieren. Ab und zu signalisiert sie mir, dass sie traurig und von mir enttäuscht ist, weil ich ihre Ideale verraten habe. Sie hat sich von mir distanziert. Kontaktinitiative geht immer von mir aus. Inzwischen habe ich begriffen, dass ich nicht dafür verantwortlich bin, wenn meine Mutter traurig ist. Es hat eine Weile gedauert, bis ich mich deswegen nicht mehr schuldig gefühlt habe.«

Warum ist denn die Mutter so sehr enttäuscht? Ist es, weil der Tochter nun etwas entgeht, was ihr selbst guttut? Dann wäre ihre Reaktion nicht so emotional ausgefallen.

Immer wenn starke Emotionen hochkommen, wenn Zorn und Angst ins Spiel kommen, muss dies hinterfragt werden. Hält die Mutter an einer Ideologie fest, wäre aber selbst auch gerne freier? Verübelt sie es der Tochter, dass diese etwas wagt, was sich die Mutter nicht traut?

Für ein Kleinkind ist es überlebenswichtig, Aufmerksamkeit und Bestätigung von seiner Mutter zu erhalten. Um das zu erreichen, passt es sich den mütterlichen Erwartungen an und entgeht damit Liebesentzug und Strafe. Die Tochter hier ist aber ganz offensichtlich erwachsen geworden. Sie reagiert nicht mehr auf die Forderungen der Mutter. Diese Trennung ist für beide schmerzhaft. Was genau war der Mutter am Verhalten der Tochter vorher wichtig? Wie hat sich ihr Kind verändert?

Auch die Tochter kann ihr Verhalten hinterfragen, zum Beispiel, ob es nur von der Mutter ausgeht, dass das Verhältnis abgekühlt ist.

Entscheiden Sie sich zu vergeben. Ist das nicht angebracht oder möglich, dann entscheiden Sie sich, Verletzungen zu behandeln. Das folgende Kapitel »Die Krux mit dem Verzeihen« wird Sie interessieren. Sie lassen damit auch Bitterkeit los. Entbinden Sie sich von Ihren Schmerzen. Solange Sie das nicht tun, besitzen andere Menschen ein Stück Land in Ihrem Herzen.

DIE CRUX MIT DEM VERZEIHEN

»Am Zorn festhalten ist wie Gift trinken und erwarten, dass der andere stirbt.«

BUDDHA

Die Art des Verzeihens, um die es in diesem Kapitel geht, bezieht sich nicht auf Lappalien, bei denen ein einfaches »Entschuldige bitte, es tut mir leid« reicht. Es geht dabei um tiefe Konflikte mit anderen und Verletzungen, die sich oft über Jahre, sogar Jahrzehnte und länger erstreckt haben. Verzeihen ist nicht Versöhnen. Die Versöhnung ist das Ziel. Sie betrifft auch nicht die Täter. Es geht um Sie! Dass es Ihnen möglich sein wird, sich mit einem Missstand auszusöhnen, und dass Sie Frieden und Freiheit finden. Schauen Sie mal, welche der folgenden Überlegungen für Sie passen.

»Du musst das einfach verzeihen, …« – Nein, weder Müssen ist notwendig, noch Verzeihen – und es ist auch nicht einfach!

Wenn uns jemand tief verletzt hat, ist es unsinnig, so zu tun, als hätte es uns nicht berührt. Der andere hat ein Recht darauf, mit dem, was wir fühlen, konfrontiert zu werden, und auch für uns selbst ist es wichtig, die Spuren der Verletzung auszudrücken. Oder haben Sie es sich im Lauf Ihres Lebens antrainiert, gute Miene zum bösen Spiel zu machen? Betrachten Sie eine Verletzung als zu unwichtig, um dazu zu stehen? Oder möchten Sie sich vor denjenigen, die Sie verletzt haben, keine Blöße geben? Vielleicht bauen Sie ja auch darauf, dass Ihr Gegenüber doch selbst merken müsste, was er oder sie bei Ihnen angerichtet hat. Vielleicht fühlen Sie sich auch geradezu moralisch dazu verpflichtet, anderen immer zu vergeben – erst recht, wenn es um die eigene Mutter geht.

Das alles sind Methoden, die nicht für die Wiederherstellung des Seelenfriedens geeignet sind.

Die mit Verletzungen verbundenen Gefühle wie Wut, Enttäuschung, Trauer, Verbitterung oder Verzweiflung rauben Ihnen Energie.

Verzeihen dient nicht selten dem Ausweichen vor einem Konflikt, statt ihn zu lösen. Nachdem Sie Vergebung gewährt haben, stellen Sie bei näherer Untersuchung womöglich fest, dass es sich bei dem so entstandenen Frieden nur um einen Scheinfrieden handelt. Er wurde mit einem hohen Maß an Verstrickung, also Unfreiheit, zwischen den beiden Parteien erkauft.

Um Verzeihung bitten und Vergebung gewähren hat etwas mit Schuld und Sühne, mit Geben und Nehmen zu tun. Das Bemühen um Entschuldung führt oft zu krankhaften Verhaltensmustern auf beiden Seiten: dem Dürsten nach Vergebung; dem Versuch, andere zu Schuldigen zu machen; der Selbstanklage und verschiedenen Ersatzbefriedigungen. Diese Muster sind geeignet, einen noch tiefer in einen Konflikt zu führen.

AUS DER SICHT DES OPFERS

Verzeihen bedeutet: Ein Opfer erlässt einem Täter eine Schuld.

Das ist aber nicht immer heilsam. Denn Verzeihen kann auch bedeuten, freiwillig die Schuld vom Täter zu übernehmen, die doch dieser selbst tragen soll. Mit dieser Handlung wird ein subtiles soziales Gefälle von oben nach unten geschaffen. Denn wer vergibt, ist scheinbar der moralisch Höherstehende. In der therapeutischen Praxis kann man dann – besonders häufig bei Ehe- und Partnerschaftskrisen – beobachten, dass die Versöhnung nicht an dem »Schuldigen« scheitert, sondern an dem »Unschuldigen«.

Dieser (also das Opfer), ist beleidigt und verletzt worden. Nun fühlt er sich dem Täter überlegen und kostet diese Überlegenheit aus. Er weist den Schuldigen immer wieder zurück, als bräuchte er ihn nicht. Gegen solche Unschuld hat ein Schuldiger keine Chance!

AUS DER SICHT DES TÄTERS

Der, dem eine Schuld erlassen wird, bleibt dem (Ver-)Geber dennoch und jetzt erst recht etwas schuldig. Die Schuld wurde nur auf eine andere Ebene verschoben. Aus der erlassenen Schuld kann so eine unheilvolle Verpflichtung entstehen, die Opfer und Täter aneinanderkettet.

Wer um Entschuldigung bittet, signalisiert damit nicht automatisch, dass es ihm deswegen auch leidtut. Sagt man: »Es tut mir leid«, kann der andere viel eher auf einen zugehen, als wenn man ihn um Verzeihung bittet.

UMGANG MIT SCHULD

Verantwortung für eine Handlung zu übernehmen bedeutet, Konsequenzen zu tragen und dann frei zu sein. Der Schuldige hat damit nicht nur die Pflicht, sondern auch das Recht, die Folgen seiner Tat zu tragen. Das wahrt die Würde des Opfers wie die des Täters. Wem einfach nur verziehen wurde, der wird aus der Verantwortung entlassen. Das Opfer übernimmt sozusagen die Last und trägt sie für den Täter.

AUS DER SICHT DES KINDES

Kinder sind immer solidarisch mit ihren Eltern. Sie lieben ihre Mutter und ihren Vater bedingungslos, spüren deren Schmerz und versuchen, diesen für sie zu tragen, so wie sie auch deren Schuld tragen möchten. Denn sie haben Angst, ihre Mutter oder ihren Vater zu verlieren.

Wenn Eltern ihrem Nachwuchs nicht das geben, was er braucht, gehen Kinder in manchen Fällen so weit, dass sie auf ihre eigenen Grundbedürfnisse verzichten, um ihre Eltern nicht zu belasten. Die Kinder beginnen quasi für Mutter und/oder Vater zu sorgen, die sie als nicht belastbar erleben. Das ist ein instinktives, unbewusstes Streben.

Kinder begreifen Konfliktstoffe und Zusammenhänge nur schwer oder gar nicht, wenn sie ihnen mit Worten vermittelt werden. Sie verstehen vor allem die Sprache der Gefühle.

Beispielsweise zeigt sich bei Scheidungen und Sorgerechtsauseinandersetzungen immer wieder, dass Kinder sich für das Verhalten ihrer Eltern verantwortlich fühlen: Ich bin schuld, dass sich Mama und Papa nicht mehr lieben können. Genauso ist es mit dem Bemühen von Kindern, im Falle von suchtkranken Eltern deren Verhalten zu entschuldigen, indem sie sich selbst als Verursacher anklagen. Ein anderes Beispiel sind Missbrauchsopfer, die sich schämen und meinen, wegen eigenem Verschulden sei die Familie nun zerstört, oder Kinder, die spüren, dass sie den Lebensträumen eines Elternteils (meist der Mutter) im Weg stehen. Im Falle von kranken Eltern würden Kinder am liebsten das Leid auf sich nehmen. Im Milieu von häuslicher Gewalt sind es oft Kinder, die sich zuständig fühlen, vermeintlich noch Schwächere beschützen zu müssen. Beispiele für eine Fülle anderer tragischer Konstellationen gibt es zuhauf. Vielleicht fällt Ihnen noch etwas dazu ein.

Das Streben, eine Schuld oder Last der Eltern übernehmen zu wollen, ist tief in der kindlichen Seele verwurzelt. Unterbewusst weiß ein Kind, es braucht besonders die Mutter, um zu überleben. Um also sein Überleben zu sichern, folgt es seiner eigenen kindlichen Logik. Es vergibt alles, entlastet Täter, übernimmt deren Schuld. Auswirkungen davon reichen bis weit in das Erwachsenendasein. Das ist der Nährboden von schwelenden Konflikten sowie von körperlichem und seelischem Leid.

Nicht gelöste Schuldkonflikte werden mitunter sogar von einer Generation an die nächste weitergereicht. Ein sich wiederholendes Muster. Darunter sind genau die Fälle, die nicht durch Vergebung gelöst werden.

Erkennen Sie die wahren, tieferen Ursachen von immer wieder auftretenden, ähnlich gelagerten Konflikten. Hören Sie auf, diese kurzfristig lösen zu wollen, indem Sie immer wieder vergeben, verzeihen, entschuldigen. Sie merken ja, dass Sie auf diesem Weg Ihren Frieden nicht gefunden haben. Die Schuld der Ahnen, beider Eltern oder der Mutter muss nicht von Ihnen getragen werden. Geben Sie sie zurück an den Verursacher: an den, der Sie verletzte. Versuchen Sie es mit dieser Formel:

ICH WÜNSCHE MIR ...

»Ich wünsche mir von Herzen Frieden. Ich befreie mich von geerbter Schuld. Ich wünsche mir im Verhältnis mit dir, liebe Mutter, Klarheit. Ich möchte, dass du frei von mir bist und ich frei von dir bin. Mutter, ich habe deine Schuld damals an mich genommen. Ich gebe dir deine Schuld (deine unerfüllten Sehnsüchte, deine Leiden) zurück. Sie gehört zu dir. Ich stelle mir vor, wie du vor mir stehst und ich sage dir ›Danke!‹ für alles, was du für mich getan hast. Dann übergebe ich dir deine Schuld und lasse dich damit in Frieden gehen.«

Interpretieren Sie Vergebung doch einmal neu: Sie lassen die Schuld, die nicht zu Ihnen gehört, gehen. Die Schuld, die Sie entlassen, weiß schon, wohin sie gehört, zu wem sie gehen soll. Sie geben beziehungsweise vergeben die Schuld an den, der sie auflösen kann. Wenn Ihnen das Auflösen einer Schuld, das Verzeihen, bisher nicht gelungen ist, dann gehört die Schuld auch nicht (zu) Ihnen!

FRAGEN AN SIE

- ◇ Was fühlen Sie, wenn Sie darüber nachdenken, eine Schuld zu übergeben? Es geht vorerst gar nicht darum, real mit jemandem in Kontakt zu treten. Spielen Sie zunächst nur in und mit Ihrer Vorstellung.
- ◇ Gelingt es Ihnen, sich von der Schuld zu trennen? Wie reagiert Ihre Mutter? Sofern sich bei Ihnen nicht Erleichterung einstellt und Sie eine Schuld nicht loswerden, bitte suchen Sie sich Hilfe.
- ◇ Welche konkrete Schuld belastet Sie?
- ◇ Wie kam es aus Ihrer Sicht zu dem Schuldigwerden?
- ◇ An wen können Sie sich wenden, um sich zu entschulden, damit Sie unbelastet sein können?

Nicht durch Absolution erlangen Sie Freiheit. Gehenlassen und Transformation ist der Weg aus der Schuld und in die Liebe. Es gibt zum Beispiel Traumatherapeuten, medizinisch ausgebildete Hypnotiseure und andere Fachkräfte, die dafür qualifiziert sind, Menschen bei ihrer Konfliktbewältigung zu unterstützen.

DER MANN MIT SEINER MUTTER IM SEELENGEPÄCK

»Mutterliebe ist eine Leidenschaft,
die ihre eigene Gewalt und Größe hat,
ihre Übertreibung und sogar ihre Sinnlichkeit.«
CARMEN SYLVA (DEUTSCHE SCHRIFTSTELLERIN)

Sie sind ein Mann, leben in einer glücklichen Beziehung und hatten eine wundervolle Mama? Vielleicht möchten Sie dann ja dieses Kapitel überspringen. Oder Sie sind wissbegierig und weiter auf der Suche nach einem Körnchen Erkenntnis …

Nicht geglückte Partnerschaften und Probleme mit Partnerinnen, die sich immer wieder nach dem gleichen Muster abspielen, könnten einen Bezug zu Ihrer Mutter haben. Das hört kein Mann gerne. Fatalerweise leiden nicht nur Sie, sondern auch all die Frauen, die Sie unglücklich machen.

Eine gesunde Liebe zur Mutter legt die Grundlage für männliche Reife, Liebesfähigkeit und die Wertschätzung des Weiblichen.

Die meisten von ihnen sind sich ihrer »Mutterwunde« nicht einmal bewusst oder winken ab, wenn man sie darauf anspricht. Im geschützten Rahmen der Lektüre dieses Buches können Sie sich der Mutter, die Sie gefühlt nie hatten, oder der Wut auf die Mutter, die Sie innerlich verletzt hat, stellen.

ENTWICKLUNG VERSCHIEDENER MÄNNERTYPEN

Frühe Beziehungserfahrungen prägen unser Verhalten als Erwachsene. Schön, wenn Ihre Mutter Ihre kindlichen Bedürfnisse nach Aufmerksamkeit, Nähe, Umsorgtsein, Achtung und Liebe gestillt hat. Wenn es nicht so war, sind Sie vielleicht unglücklich, sich selbst ein unbekanntes Wesen und zerrissen von der Sehnsucht nach Selbstliebe und Liebe.

Der Frauenheld

Begegnet die Mama einem kleinen Jungen mit Desinteresse und ist für ihn emotional wie körperlich nicht erreichbar und begreifbar, dann kann sich ein Urmisstrauen und Verlustangst einstellen. Ohne sich dessen bewusst zu sein, bleibt dieser Junge später als Mann lebenslang auf der Suche nach der Mutter, die er nie hatte.

Daraus werden mitunter die bindungsunfähigen Don Juans, die von Frau zu Frau flattern. Was in jungen Jahren noch geheimnisvoll und attraktiv auf potenzielle Partnerinnen wirken mag, wird mit zunehmendem Alter tragisch, da diese Männer immer auf der unbewussten Suche nach einer Mutter sind, die einerseits unerreichbar bleibt und die sie andererseits zugleich zutiefst verachten.

Der Ängstliche

Eine übermäßig kritische, autoritäre, ja ablehnende, lieblose Mutter kann Gefühle wie innere Leere, Angst, Wut und Schuld hervorrufen. Die kindliche Erfahrung setzt in der erwachsenen Männerseele später das Gefühl des »Niedergemachtseins zum Nichts« fort. Das hat fatale Auswirkungen auf das Selbsterleben und das Beziehungsverhalten. Oft sind diese Männer in einer

Endlosschleife gefangen, jemand sein zu wollen, der sie nicht sind und nicht sein können, weil ihre Mutter seit frühester Kindheit die Saat in sie gepflanzt hat. Diese Typen opfern sich auf und bieten sich geradezu an, ausgenutzt und verletzt zu werden. Ebenso wie unterdrückte Aggressionen hindert auch eine ausgeprägte Aggressionsschwäche daran, sich aus der Symbiose mit der Mutter abzulösen und entschlossen eine Partnerin zu erobern.

Unter Umständen wird der unterdrückte Hass auf die Mutter sogar unbewusst auf andere Frauen übertragen, indem diese dann entwertet oder gefürchtet werden, weil sich der Mann durch das Weibliche verachtet und bedroht fühlt.

Der Macho

Auch eine ungebremste weibliche Übermacht mit fehlenden oder unzureichenden männlichen Rollenvorbildern verunsichern einen Jungen in seinem Verhältnis zum Weiblichen. Er weiß nicht recht, was es bedeutet, männlich zu sein, und fühlt sich der Frau unterlegen. Zu kompensieren versucht er dies dann mit chauvinistischem Verhalten als eine Art ausgleichende Gerechtigkeit und verspätete Rache an der Mutter.

Das ewige Kind

In einem hilflosen Versuch der Eigentherapie versuchen manche Männer im Laufe ihrer Beziehungen die Partnerin immer mehr zur Mutter umzudeuten, um sich zeitverzögert von der Mutterwunde zu heilen. Umgekehrt fühlen sich diese Frauen als Muttterersatz missbraucht. Sie sind damit überfordert, dazu auserkoren zu sein, den Partner zu therapieren und zu heilen.

In dem Bestreben, mit der Partnerin zu verschmelzen, kommt unbewusst die unerfüllte Sehnsucht nach der Mutter ans Licht. Häufig sind diese Männer extrem eifersüchtig. In diesem Konstrukt wird die Partnerin gleichzeitig begehrt, aber auch gefürchtet und abgelehnt.

WEGE AUS DER MUTTERFALLE

Ungeachtet dessen, wie gut oder schlecht Ihre Mutter ihre Rolle ausfüllte und welches Rollenvorbild sie Ihnen hinterlassen hat, es wird Zeit, dass Sie für sich herausfinden, was Sie heute brauchen. Und seien Sie versichert: Es ist müßig, von Ihrer Mutter oder sonst von irgendjemandem zu erwarten, Ihnen das abzunehmen. Liebevolle Fürsorge generieren und gewinnen Sie am unkompliziertesten aus sich selbst.

Um sich von einem Mutterkomplex zu lösen, gibt es nur einen Weg: sich die Beziehung zur Mutter genauer anschauen, auch wenn das nicht angenehm ist. Es kann wehtun, sich einer Vergangenheit zu stellen, die nicht mehr zu ändern ist.

Aber was ist die Alternative? Möchten Sie ein Leben lang unglücklich und ein sich selbst unbekanntes Wesen bleiben? Hören Sie auf damit, zerrissen zu werden von der Sehnsucht nach Selbstliebe und Liebe.

Von wütenden Männern …

Was ist dabei, wenn Sie sich zunächst einmal Ihre Gefühle gegenüber Ihrer Mutter eingestehen? Ist da vielleicht Wut dabei?

Wut entsteht, wenn wir uns missverstanden, erniedrigt, verletzt, ignoriert fühlen. In dem Moment, in dem wir wütend sind, wissen wir ganz genau, was wir wollen und was nicht. Was sich richtig und was sich falsch anfühlt. Wer sich klein, verletzt und ohnmächtig fühlt, wird wütend. Gerade so fühlen sich Kleinkinder oft. Wut wird vielen Kindern schon sehr früh ausgetrieben. Im Grunde bedeutet dieses »austreiben« von Wut, dem Kind zu verwehren, den eigenen Schmerz zu spüren. Gerade Männer tun sich oft schwer, ihre Gefühle ernst zu nehmen, zum Beispiel zu der Wut zu stehen, statt sie zu unterdrücken. Die Kraft, die in Ihrer Wut steckt, verfliegt aber nicht einfach, weil sie unterdrückt wird und weil Sie sich Antworten und Meinungen verkneifen.

Gehen Sie gut mit Ihrer Wut um

◇ Anstatt die Wut gegen sich selbst oder gegen andere zu richten oder gar Schäden durch Jähzorn anzurichten, schaffen Sie sich einen geschützten Rahmen, in dem Sie sich Ihrer Wut nähern und sie rauslassen können. Einen Ausdrucksraum, wo Sie niemanden verletzen und sich trotzdem Luft machen können.

◇ Brüllen Sie im Auto oder im Wald, kommen Sie in Kontakt mit Ihren Energien in sich, spüren Sie sich.

◇ Sie sind nicht diese Wut, sie ist nur in Ihnen. Beobachten Sie dieses Gefühl, das sich wie ein panisches wildes Tier verhält. Lernen Sie es zu verstehen. Beobachten Sie es wie ein Wildhüter aus einiger Distanz. Warten Sie, atmen Sie, nähern Sie sich, beobachten Sie, entlassen Sie es.

◇ Spüren Sie, dass die Wut IHR ureigenes Gefühl ist und dass zum Beispiel Ihre Mutter das Gefühl nur auslöst. Das Eingestehen der eigenen Wut kann hilfreich sein, um zum Beispiel aus dem mütterlichen Schatten zu treten und frei zu werden – für sich selbst, um ein eigenständiger Mann zu sein – und für Ihre Partnerin.

Sie lassen dieses Gefühl zu, um eine erwachsene, mit den Schatten der Kindheit nicht belastete, gesunde liebevolle Beziehung führen zu können. Nicht zuletzt sind Sie dann auch frei für eine gesunde Beziehung zu Ihrer Mutter. Wie Ihre Mutter dazu steht, ist dabei nicht relevant.

Sobald Sie sich selbst vorbehaltlos angenommen haben, kompensiert Eigenliebe die verschiedenen Formen entgangener Liebe. Sie sind dann in der Lage, eine ambivalente, ja sogar lieblose Sichtweise auf Ihre Mutter positiv zu verändern. Die Schatten der Vergangenheit können Ihnen dann nichts mehr anhaben.

Betrachten Sie doch auch einmal geschichtliche Figuren oder Männer aus Ihrem Umfeld, die bindungsunfähig und/oder unglücklich in Partnerschaften waren oder sind. Selbstverständlich kann die Ursache nicht allein auf eine problematische Mutterbeziehung reduziert werden. Aber Hinweise mögen allemal zu finden sein.

Sich auf diesem Weg professionell begleiten zu lassen, ist oft sehr hilfreich.

Rückblick: Umgang mit der Wut eines Kleinkinds

Wut an sich ist weder böse noch krankhaft. Sie ist ein Gefühl und mitunter wichtig, um Spannungen abzubauen. Für ein Kind ist Wut auch ein Mittel, Bedürfnisse deutlich zu machen, wenn die Worte fehlen. Es kann noch nicht sprechen oder sich noch nicht ausreichend verständlich erklären.

Eltern reagieren sehr unterschiedlich auf ein wütendes Kleinkind. Dessen Verhalten wiederum ist oft beeinflusst durch Erziehung, Hintergrund und Prägung. Eine Patientin beschrieb ihre Beobachtungen über drei Müttergenerationen hinweg:

Sie selbst stammte aus einer preußischen Offiziersfamilie und soldatische Tugenden waren entsprechend hoch im Kurs. Sie erinnerte sich an die typische Reaktion ihrer Mutter auf Trotzanfälle der jüngeren Geschwister. Die Mutter holte aus zu einem Hieb und bemerkte dabei: »So, jetzt hast du auch einen Grund, dich so aufzuführen.«

Sie wiederum hat ihre Kinder in einer solchen Situation nicht geschlagen, sondern allein in das Kinderzimmer geschickt und ins Bett gesteckt. Erstaunt stellte sie Jahre später fest, dass ihre Tochter ihr Kind während eines Trotzanfalls begleitet und ruhig gehalten hat, bis es sich beruhigt hatte.

Bitte überlegen Sie, welcher dieser drei Mütter Sie in Ihrer Wut hätten begegnen wollen. Ich würde mich auf jeden Fall für die jüngste entscheiden. Zu erleben, dass Wut ein kraftvoller Teil von mir ist und meine Mutter mir dabei hilft, damit umzugehen, ist sicher ein guter Weg, zur Ruhe zu kommen. Und man lernt, im Laufe der Zeit die Wut zu dosieren und sich selbst zu begrenzen. Die Mutter kennt ganz offensichtlich so ein Gefühl und hat aus eigenen Erfahrungen gelernt. Der Ausdruck einer kraftvollen körperlichen Energie und seiner Wut wird bei dem kleinen Menschen gesehen und anerkannt, »das Kind darf wütend sein«. Es wird deswegen weder geschlagen noch ignoriert, noch verachtet. Die Mutter selbst, ruhig, kraftvoll und seelisch stabil, kann damit umgehen. Sie umhüllt das wütende Kind mit ihrem Körper in guter haltender Weise und gibt ihm damit das, was es braucht: Sicherheit.

EXKURS: EIN GROSSER PHILOSOPH UND SEIN FRAUENBILD – FRIEDRICH NIETZSCHE

Der deutsche Philosoph und Schopenhauer-Anhänger Friedrich Nietzsche hielt sich, genau wie sein großes Vorbild, nicht zurück, wenn es darum ging, die vermeintliche Überlegenheit des Mannes gegenüber der Frau zu betonen: »›Siehe, jetzt eben ward die Welt vollkommen!‹ – also denkt ein jedes Weib, wenn es aus ganzer Liebe gehorcht. Und gehorchen muß das Weib und eine Tiefe finden zu seiner Oberfläche. Oberfläche ist des Weibes Gemüt, eine bewegliche stürmische Haut auf einem seichten Gewässer. Des Mannes Gemüt aber ist tief, sein Strom rauscht in unterirdischen Höhlen: das Weib ahnt seine Kraft, aber begreift sie nicht.« Liebe war wohl für Nietzsche Kampf und Krieg – mit dem Heimvorteil der Frau auf dem Schlachtfeld des Eros und der Liebe. Sollte oder wollte sie sich hingegen auf die gleiche Ebene mit einem Mann begeben und gleiche Rechte einklagen, so würde sie auf diesem Terrain aus seiner Sicht immer nur verlieren. Deshalb könnte die Emanzipation der Frau gar nicht in ihrem Eigeninteresse liegen; sie würde ja Macht verlieren, nicht gewinnen. »Alles am Weibe hat eine Lösung«, steht im Zarathustra*: »Sie heißt Schwangerschaft.« Er legte den Schluss nahe, dass jeder Versuch, die natürlichen mütterlichen Eigenschaften einer Frau durch konkurrenz- und karriereorientiertes Streben zu korrumpieren, demnach wohl nur Schaden anrichten könne.*

Sehr wohl hatte Nietzsche engen Kontakt zu gebildeten, selbstbewussten Frauen. Seine große Liebe war eine kluge und außergewöhnlich emanzipierte Frau. Lou von Salomé war eine kosmopolitische Schriftstellerin und Psychoanalytikerin. In einem Brief pries sie der Philosoph: »Lou ist scharfsinnig wie ein Adler und mutig wie ein Löwe… (…) sie ist auf die erstaunlichste Weise gerade für meine Denk- und Gedankenweise vorbereitet.« Auch wenn er sie verehrte, dürfte diese eher herablassende Art auch dazu geführt haben, dass die schöne Lou zweimal seinen Heiratsantrag ablehnte. Schließlich kam es zum Bruch. Zutiefst gekränkt überzog er sie daraufhin mit Schmähungen.

Auch später hatte Nietzsche zeitlebens keine glückliche Hand bei der Partnerinnensuche. Da lohnt doch auch ein Blick auf seine Beziehung zur Mutter: Nach einer Kindheit in einem lutherischen Pfarrershaushalt heiratete Franziska Nietzsche 17-jährig einen 13 Jahre älteren Pfarrer und wanderte damit vom einen Pfarrhaushalt in den nächsten. Die junge Frau hatte in sechs Jahren drei Kinder geboren und nach kurzer Ehe zwei Todesfälle zu verkraften: den tragischen Tod des Ehemanns sowie den des jüngeren Sohns. Daraufhin zog sie mit dem kleinen Friedrich und seiner Schwester in das Haus der als herrisch bezeichneten Schwiegermutter, in dem auch zwei unverheiratete

Töchter von ihr lebten. Der damals fünfjährige Friedrich wuchs also in einem reinen Frauenhaushalt auf.

Nietzsches Mutter Franziska empfand sich auch im Erwachsenenalter als Kind, »das in allem auf seinen himmlischen Vater vertraut«. Nach dem Tod ihres Mannes unterdrückte Franziska bereits mit dreiundzwanzig Jahren offenbar jede Regung ihrer Libido und blieb unverheiratet. Ihre Kinder setzte sie offenbar bei ungehorsamem Verhalten durch die Androhung des Zorns Gottes unter Druck. Da es keinen Mann mehr in ihrem Leben gab, galt die geballte mütterliche Aufmerksamkeit vor allem ihrem Sohn. Friedrich bezeichnet seine Mutter als »giftiges Gewürm« und »Höllenmaschine«. Offensichtlich konnte er in der von Frauen dominierten Kinderstube nicht genügend männliches Selbstbewusstsein aufbauen, um zum Beispiel später souverän auf weibliche Zurückweisung zu reagieren oder eine Frau für sich zu gewinnen. Von Nietzsche wird angenommen, dass er das Weibliche bei sich selbst verdrängt habe. Wahrscheinlich als Reaktion auf die weibliche Übermacht, die er als Kind erdulden musste. Von Mutter und Schwester (die den Nachlass Nietzsches kontrollierte und zensierte) konnte er sich zeitlebens nie lösen und potenzielle Partnerinnen wurden grundsätzlich kritisch bewertet. Er liebte und hasste Mutter und Schwester. Eine gestrichene Passage von Ecce homo *lautet: »Ich bekenne, dass der tiefste Einwand gegen die ›ewige Wiederkunft‹, mein eigentlich abgründlicher Gedanke, immer Mutter und Schwester sind.« Wen wundert es, dass für Nietzsche die christliche Moral und die Frauen stets Reizthemen waren.*

Die Autorin Kate Manne sieht in der Frauenfeindlichkeit – oder vielleicht besser der »Frauenverunsicherung der Männer« – ein Instrument, um deren Bild der Frau als Gebende, Liebevolle und Fürsorgliche zu bestärken. »Wenn Frauen sich machthungrig, gefühllos und dominant verhalten, geraten sie in Konkurrenz mit

Männern – (…). Verweigern Frauen ihre ›moralischen Güter‹, werden sie kritisiert: Sie vernachlässigten die Schutzlosen und griffen nach verbotener Macht. In diesem System müssen sie den Mann auch sexuell umsorgen. Er bestätigt seine Dominanz, indem er das einfordert, und fühlt sich moralisch im Recht.« … Nietzsche lässt grüßen.

Söhne brauchen souveräne Mütter

Liebevolle, souveräne, sich ihrer inneren Stärke bewusste, fürsorgliche Frauen und Mütter lassen sich erst gar nicht auf so einen Konkurrenzkampf ein. Dennoch fordern sie, was ihnen zusteht. Sie haben einen ungehemmten Zugang zu ihren Stärken und ihrer Lust.

Ihre Kinder – in diesem Zusammenhang ihre Söhne – brauchen kein Dominanzgebaren, um eigene Schwächen zu verdecken. Sie verfügen über machtvolle lebendige Seelen, die sich mit Selbstverständlichkeit anderen nähern können. Stärke schüchtert sie weder ein, noch macht sie sie aggressiv. Sie haben es weder nötig, Schwäche auszunutzen noch sich ihr anzupassen.

Diese Frauen wissen um die Kraft und Wirkung männlicher Vorbilder, allen voran der des Vaters. Wie schrecklich, wenn Jungen zu Mädchen umdressiert werden und umgekehrt. Für seelisch gesunde Kinder braucht es die Wertschätzung des Männlichen wie des Weiblichen.

Haben Sie Verständnis für Ihre Mutter, die, aus welchen Gründen auch immer, nicht so sein konnte oder ist. Seien Sie selbst liebevoll, souverän, Ihre innere Stärke und Sinnlichkeit bejahend und fürsorglich gegenüber sich selbst und anderen. Nehmen Sie bewusst Ihre Geschlechtlichkeit wahr, stehen Sie dazu und seien Sie stolz darauf!

EXKURS: EIN HOCHBEGABTER UND SEINE MUTTER – JESUS UND MARIA

Jesus war ein Visionär mit derart ungewöhnlichen Ideen, dass seine Sympathisanten erst nach seinem Tod deren ganze Bedeutung und Tragkraft begriffen und die christliche Bewegung in Fahrt kam. Zu seinen Lebzeiten eröffnete er Menschen Horizonte, half ihnen dabei, über sich selbst hinauszuwachsen, und tat allerlei wundersame Dinge. So versetzte er Zeitgenossen in Gemeinschaftstrance, wieder anderen gab er den Glauben an sich selbst wieder, er selbst wandelte auf dem Wasser. Das macht doch neugierig auf die Mutter. Marias Bild ist verstellt von religiösen Denkmustern und Stereotypen: die ewige Jungfrau, die Gottesmutter, Mittlerin der Gnaden (Mediatrix). Kaum etwas von von alldem hält dem Bibelbericht stand. Maria war ein aus einfachen Verhältnissen stammendes Mädchen. Aber zwischen den Zeilen wird eine ganz besondere Mutter beschrieben. Zu Marias Lebzeiten spielten Jüdinnen weder im offiziellen noch religiösen Leben eine bedeutsame Rolle. Sie wurden unterdrückt und kleingehalten, Mädchen noch als Kinder verlobt und die meisten Ehen in der Pubertät vollzogen.

Stellen Sie sich also bitte einen etwa 13- bis 15-jährigen verlobten Teenager vor, der unter mysteriösen Umständen schwanger wurde. Maria lief daraufhin tagelang allein durch die Berge, um sich zu einer Verwandten zu flüchten. Nach drei Monaten riskierte sie es, zurückzukehren. Das war todesmutig. Nach dem damaligen Recht gehörte sie gesteinigt. Josef fühlte sich zunächst als Gehörnter, als ihm Maria erklärte, dass ihr Kind vom Heiligen Geist stamme. Erst als ein Engel intervenierte und darum bat, dass Joseph die Schwangere ehelichte, war sie gerettet.

Sie wissen schon, wie es weiterging: Maria ist davongekommen und das Jesuskind ward geboren. Ihr Erstgeborener schien etwas Besonderes zu sein: Wie bei Hochbegabten so üblich, orientierte er sich stark an Erwachsenen, weniger an Gleichaltrigen.

Während andere Kinder zur Zeit des Pessach-Fests durch die Straßen Jerusalems tobten, saß der 12-jährige Jesus tagelang im Tempel und versetzte die Gelehrten dort in Erstaunen. In diese Situation platzten nun seine Eltern, die recht ungehalten waren, weil sie ihn drei Tage verzweifelt gesucht hatten. Wie selbstverständlich antwortete das Kind ungerührt: »Wieso habt ihr mich gesucht? Wusstet ihr nicht, dass ich im Haus meines Vaters sein muss?« (Lukas 2,48ff.) Im jüdischen Denken wurde Gott nur als Vater für das Kollektiv Israel gesehen, aber niemals als Vaterfigur für eine Einzelperson. Kein Israelit hätte gewagt, zu Gott »mein Vater« zu sagen. Erstmals distanzierte sich Jesus mit zwölf Jahren von seinem Ziehvater Josef. Keine leichte Situation, weder für das Kind noch für die Eltern. Wie der Bericht sagt, verstanden ihn die Eltern nicht. Wie reagierte Maria? »Sie bewahrte und bewegte alle diese Worte in ihrem Herzen.« Mehrmals werden so Marias Reaktionen beschrieben. Als würde sie ein Mosaik zusammensetzen und dabei lernen, ihren Sohn nach und nach zu verstehen. Zwischenzeitlich war Jesus erwachsen geworden. Als bei einer Hochzeitsfeier der Wein zur Neige ging, wandte sich Maria demonstrativ an ihr Kind: »Sie haben keinen Wein mehr!« Mit anderen Worten: »Unternimm was, sonst geht die Stimmung flöten.« Sie war eine Mutter, die mit der Hochbegabung ihres Sohns gerne auch mal angeben wollte. Nichts Neues, sich mit einem genialen Spross schmücken zu wollen. Obwohl ihm kurz darauf sein erstes Wunder zugeschrieben wurde – die Verwandlung von Wasser in Wein –, machte er seiner Mutter deutlich: Wenn ich etwas mache, dann deswegen, weil ich das will und nicht, weil du mir das vorschreibst. Die Mutter hat das geschluckt. Dafür braucht es Größe.

Einige Zeit später saß er umrundet von vielen Zuhörern in einem Haus. Seine Mutter und seine Brüder interessierten sich wohl nicht dafür, was er zu erzählen hatte. »Sie blieben draußen stehen, schickten zu ihm hinein und ließen ausrichten, dass sie ihn suchten.« (Matthäus 12, 46ff.) Jesus wies sie durch einen Boten ab und die Angehörigen kehrten unverrichteter Dinge wieder nach Hause zurück. Die Familie von Jesus hatte offenbar zu seinen Lebzeiten wenig Sinn für seine Botschaft und sein Treiben. Vielmehr meinten sie wiederholt, ihn vor sich selbst schützen zu müssen. Maria und Jesus' Geschwister waren zum Beispiel eigens von Nazareth nach Kapernaum gereist, um ihn zu »packen«, weil sie dachten, er sei »von Sinnen« – mit anderen Worten, er sei übergeschnappt.

Schlussendlich konnte die Familie von Jesus seine Auseinandersetzungen mit der Führungselite Israels nicht verhindern. Die Situation spitzte sich immer mehr zu. Jesus bewegte sich sehenden Auges auf seine Hinrichtung zu. Maria blieb an der Seite ihres Sohns bis zum bitteren Ende, begleitete ihn während seines qualvollen Sterbens. Sie verstand (noch) nicht, wieso er diesen Weg gegangen war, wollte es noch verhindern und scheiterte. Unter diesen Umständen trotzdem zum Kind zu stehen, ist Mutterliebe in Reinform. Maria sah nicht sich selbst und ihr Leid im Vordergrund. Sie war einfach nur da für ihr sterbendes Kind. Ein Meisterstück in Sachen Loslassen.

Maria, eine besondere Frau und eine besondere Mutter: couragiert, mutig, einfühlsam, mit der Fähigkeit, sich zurückzunehmen, als es angebracht war. Sie meinte auch nicht, immer alles verstehen zu müssen, was ihr Sohn wollte und tat.

VON TÖCHTERN, DIE NICHT GANZ RICHTIG SIND

»Liebe ist die Fähigkeit, den Menschen, die uns wichtig sind, die Freiheit zu lassen, die sie benötigen, um so sein zu können, wie sie sein wollen – unabhängig davon, ob wir uns damit identifizieren können oder nicht.«

GEORGE BERNARD SHAW (LITERATUR-NOBELPREISTRÄGER)

Sind Sie für Ihre Mutter so, wie Sie sind, genau richtig? Also weder zu dick noch zu dünn, Look und Kleidungsstil sind okay, Ihre Weltanschauung wird toleriert, wie Sie zu Ihren Brötchen kommen und wie Sie sich dabei organisieren, überlässt sie völlig Ihnen – und sie hält sich auch aus Ihren Beziehungen und Erziehungsfragen heraus. Obendrein ist sie mit dem ihr zuteilwerdenden Maß an Aufmerksamkeit vollauf zufrieden. Gratulation! Es muss ein tolles Gefühl sein, sich einer so umfassenden mütterlichen Akzeptanz zu erfreuen. Wenn überhaupt, scheint das eher ein Privileg zu sein, das exklusiv für Söhne reserviert ist. Die als Mädchen Geborenen haben hingegen oft das Gefühl, niemals wirklich ganz richtig für ihre Mutter zu sein.

EIN STÄNDIG SCHWELENDER KONFLIKT

Die Tochter befindet sich im Verhältnis zu ihrer Mutter in einem ständigen Konflikt: Entweder sie versucht es ihr immer recht zu machen oder sie gibt es auf. Es ist dabei egal, wofür sie sich entscheidet, sie wird entweder die Mutter oder sich selbst nicht zufriedenstellen können. Das drückt, sehr vereinfacht, äußerst komplexe Verflechtungen aus.

Beim Versuch, es ihrer Mutter recht zu machen, verzichtet die Tochter darauf, das eigene Licht heller leuchten zu lassen als das der Mutter. Andernfalls würde sie die Mutter zurücklassen, würde die Opfer, die diese gebracht hat, »verraten«. Loyalität gegenüber der Mutter löst in dem Kind den Schmerz aus, den die Mutter fühlt, und es versucht, diesen unbewusst zu übernehmen. Oftmals fühlen sich Töchter dann schuldig, weil sie ihre Mütter von diesen Schmerzen nicht erlösen konnten, und übernehmen Verantwortung für etwas, das sie gar nichts angeht und für das sie nicht verantwortlich sind. Das führt zu Loyalitätskonflikten und Problemen. Wehe, die Tochter ist erfolgreicher, schöner oder glücklicher als die Mutter. Diese Verstrickung zwischen den beiden führt dazu, dass sich das Kind schließlich opfert, um damit das Ohnmachtsgefühl, die Frustration und den Schmerz der Mutter zu erleichtern. Am Ende sind beide frustriert, weil die Tochter Unmögliches ermöglichen will und an dieser Aufgabe scheitern muss.

Damit wird eine Tochter zur Komplizin der eigenen Beschränkung. Sie beschneidet sich in ihren Fähigkeiten, ihrem Selbstausdruck und ihrer Lebendigkeit.

Gibt die Tochter es aber auf, der Mutter alles recht machen zu wollen, distanziert sie sich von ihr in dem Maße, je mehr sie sich verwirklicht und es wagt, ihre eigene Größe zu erkunden. Sie rebelliert dann gegen die Rollen, die ihre Mutter ursprünglich für sie vorgesehen hat. Damit riskiert das Kind, die Liebe und Anerkennung der Frau, die sie zur Welt gebracht hat, zu verlieren. Die Tochter kann der Mutter jetzt emotional nicht mehr nahe sein. Ein Heraustreten aus der ehemaligen Solidargemeinschaft wird von der Mutter als Verrat an ihr, als Rücksichtslosigkeit und als Egoismus gewertet.

WAS STECKT HINTER DEM MUTTER-TOCHTER-KONFLIKT?

Konkurrenz

Es gibt ein Tabuthema, das annähernd jede Mutter brüsk von sich weist. Das ist die unbewusste Konkurrenz zwischen ihr und dem weiblichen Kind.

Frauen, die mit dem Älterwerden und dem vielleicht damit einhergehenden Nachlassen der Attraktivität zu kämpfen haben, tut diese Erkenntnis besonders weh.

Die Mutter hat der Tochter immer ein Stück Lebenserfahrung voraus, aber umgekehrt diese der Älteren gegenüber immer ein Stück Jugend. Mit der erwachsenen Tochter vor Augen werden Mütter an ihre vergangene Jugend und sexuelle Attraktivität, aber auch gleichzeitig an ihre Vergänglichkeit erinnert. Das ist manchmal schmerzlich oder sogar unerträglich.

Opfertradition

Unterschwellige Gefühle von Neid und Missgunst gegenüber der Tochter entstehen auch, wenn die Mutter feststellen muss, dass ihr Kind vielleicht ein Leben lebt, das sie selbst gerne geführt hätte. Dem geht oft eine familiäre Opfertradition voraus: Schon die Großmutter musste womöglich vor der Mutter auf Selbstentfaltung verzichten: sei es auf eine erfüllende berufliche Entwicklung, auf genug Zeit mit den Kindern, die Freiheit, persönlichen Neigungen, Anschauungen und Begabungen nachzugehen, sowie auf Wertschätzung, Anerkennung und Unterstützung von der Familie. Und jetzt will die Tochter im Zeitraffer all das erleben, was sich die Frauen dieser Familie seit Generationen versagen mussten oder was ihnen aus irgendwelchen Gründen vorenthalten wurde.

Damit nicht genug. Womöglich fordert die Tochter für ihre Selbstverwirklichung nicht nur Verständnis, sondern sogar noch die Hilfe und Unterstützung der Mutter. Die hat nun das Gefühl, sich immer weiter opfern zu müssen, selbst wenn die Tochter längst erwachsen ist. Vielleicht hatte die Mutter geplant, nun auch endlich einmal an sich zu denken. Die Beziehung zu der Tochter ist dabei überschattet von Gefühlen wie Neid, Missgunst, Groll, Zorn, Enttäuschung, Überforderung, Ausgebeutetsein und Ratlosigkeit. Vielleicht schämt sich die Mutter dieser Gefühle, schafft es aber nicht, sie loszuwerden. Also werden diese Emotionen unterdrückt. Egal, wie sich die Mutter nun verhält – ob sie den Wünschen ihres Kindes entspricht oder nicht –, das Verhältnis zwischen den beiden ist belastet und von den Gefühlen der Älteren überschattet.

Mangel

Manche Mutter wird auch durch die Beziehung zu ihrer Tochter an den eigenen Mangel an Zuwendung durch wiederum ihre Mutter erinnert. Das führt zu Projektionen und unbewussten Erwartungen an das Kind, das diesen Mangel möglichst ausgleichen und heilen soll.

Oft sind diese Mütter auch in ihren Partnerschaften abhängig und ohnmächtig. Die Mutter wird dann von der Tochter als schwach erlebt. Diese Abhängigkeit und Bedürftigkeit macht das Kind mitunter wütend und überfordert es. Die Tochter lebt ständig in einer Bringschuld und fühlt sich außerstande, die Erwartungen zu erfüllen.

So wie mir, so auch dir

Millionen von Mädchen wird noch immer beigebracht: Verstecke dich, mache dich unsichtbar und klein. Mütter, die unter patriarchalischen Systemen mit herrischen Vätern und Großvätern gelitten haben, betrachten es leider mitunter nur als folgerichtig und gerecht, wenn die Tochter sich auch hineinschickt. Damit sind sie Opfer, aber auch gleichzeitig die Komplizen dieser Systeme.

Eine Unterdrückung und Abwertung des Weiblichen geht gar nicht so selten von den Müttern aus.

Zumindest mag die Mutter der Tochter die Zustimmung und Unterstützung versagen, wenn diese einmal gegen sie aufbegehrt: Sei froh, wenn du in Ruhe gelassen wirst, da ist der Verzicht auf Selbstverwirklichung auf jeden Fall das kleinere Übel, das du aushalten musst.

Misshandlungen

Eine Mutter, die als Kind sexuell oder emotional misshandelt wurde, betrachtet das sexuelle beziehungsweise intellektuelle Erwachen der Tochter mit Angst. Ihre Befürchtung, dass der Tochter das gleiche Schicksal zustoßen könnte, ist groß.

Dem Kind ist das vielleicht nicht einmal bewusst. Tief in seinem Inneren kommt jedoch die Botschaft an, dass Sexualität, Selbstbestimmung und Intelligenz gefährlich beziehungsweise schmutzig seien und dass sie Probleme bereiten. Die Tochter soll diese Ebenen nicht betreten. Tut sie es doch, löst dies die Angst und die Missbilligung ihrer Mutter aus. Das Leben des eigenen Potenzials als Frau und die Selbstermächtigung, eine Beziehung zum eigenen Vergnügen zu führen und darin sexuelle Freiheit zu empfinden, wird zu etwas Gefährlichem und zu einem Akt des Widerstands gegen die Mutter.

Die geistige und körperliche Attraktivität der Tochter soll kleingehalten werden, damit sie nicht die Aufmerksamkeit potenzieller Täter auf sich zieht. Die Gesellschaft wies und weist leider noch immer einem Opfer zumindest eine Teilschuld an einem Übergriff zu. Das ist eine entsetzliche Misskonzeption. Wenn die Mutter als Kind nicht ausreichend geschützt wurde, dann geistert in ihrem Kopf oft das Konzept der Mitschuld oder gar Selbstschuld herum.

Ein Täter wird in diesem Konzept zum Opfer gemacht. Folglich ist es auch er, der geschützt werden muss. Dieser Täterschutz geht auf Kosten des Opfers. Weil die Mutter, die Familie und auch die Gesellschaft ihrer schützenden Rolle nicht nachkommen, sind es gerade die ehemaligen Opfer, die an die nächste Generation verzerrte und sogar falsche Signale geben:

Wenn du laut, klug, aufbegehrend, frech, auffallend, schön, sinnlich, sexy und vertrauensvoll bist, dann bist du selbst schuld, wenn dir »etwas« passiert. Also versuche ich dich so zu erziehen, dass du zurückhaltend und misstrauisch bist. Deine sexuelle Attraktivität ist fehl am Platz. Wer vorlaut und frech ist, verdient es nicht anders. »Pass auf dich selbst auf, rechne nicht damit, dass dir sonst jemand helfen kann. Das Versagen und die Schuld von mir, deiner Mutter, deiner Familie, der Gesellschaft, des Täters ist entschuldbar, dein eigener Beitrag zum Missbrauch, zur Misshandlung ist unentschuldbar, weil ich dich gewarnt habe, aber du hast nicht gehört. Also, was beschwerst du dich?« Beim Opfer bleibt die Ohnmacht, die Wut und die Scham. Das Mädchen hat erfolglos seine Intimsphäre, seine Unversehrtheit, sein Selbst verteidigt. Sein eigener Ehr- und Achtungsverlust steht unterhalb dem des Täters und dem der Familie.

RAUS AUS DER SPIRALE

Eine entsetzliche Kaskade an Missverständnissen ist in dieser Mutter-Kind-Beziehung im Gange.

Für ein Kind ist eine innige emotionale Bindung zu einer Bezugsperson lebensnotwendig. Traumatisierte Menschen sind bindungsbehindert. Wird einer solchen Mutter nicht geholfen, dann führt das Kind einer in ihrer Bindungsfähigkeit gehandicapten Mutter schon früh einen Überlebenskampf. Es ringt darum, seine Mutter emotional zu erreichen. Ein Kind kämpft darum, der Mutter Reaktionen abzuringen, denn es braucht für seine gesunde Entwicklung ein Gegenüber, einen Spiegel.

Je öfter ein Kind mit seinen Versuchen aber ins Leere läuft, desto verunsicherter, desto bedrohter, einsamer und verlassener fühlt es sich.

In seinem Körper läuft nun unentwegt ein Notfallprogramm ab. Das bedeutet schon sehr früh im Leben eines Kindes chronischen Stress und letztendlich auch wieder chronische Traumatisierungen. Heute weiß man, dass eine der Hauptursachen zahlreicher Beschwerden vermutlich Stress ist. Es kommt zu hormonellen Dysbalancen, die den Stoffwechsel in Richtung Krankheit entgleisen lassen. Wer als Kind häufig gestresst wurde, hat später ein erhöhtes Risiko, schwer krank zu werden.

Traumatisierte Mütter erleben sich oft abgetrennt von sich selbst. Dieser Schutzmechanismus, um Schlimmes zu ertragen, kann schon in der Kindheit antrainiert werden.

Erkennen Sie die fatalen Zusammenhänge?

Schuld in Form eines Missbrauchs muss immer geahndet und gesühnt werden. Opfer müssen entlastet und befreit werden. Täter zur Rechenschaft und Verantwortung gezogen werden. Und das nicht am Tag des Jüngsten Gerichts, sondern im Hier und Jetzt. Es geht nicht nur um die Opfer selbst, sondern auch um die Interessen der folgenden Generationen.

Das ist die Schilderung von Extremen. Glücklicherweise gibt es auch viele Opfer, denen geholfen werden konnte. Sie haben als Erwachsene selbst Hilfe in Anspruch genommen und auf diese Weise unheilvolle Kreisläufe durchbrochen. So war es ihnen nicht nur möglich, ihren Kindern ein unbeschwertes schönes Erbe zu bereiten, sondern auch emotional erreichbar zu sein und sich wieder vertrauensvoll auf Bindungen einzulassen.

FRAGEN FÜR SIE

- Beobachten Sie sich doch einmal, wie Sie auf sehr lebendige und lebensfrohe Kinder reagieren, die vor Lebensfreude geradezu strotzen, die laut und anstrengend sind. Können Sie das aushalten?
- Haben Sie vielleicht deswegen Mühe damit, weil es Sie an die eigene verlorene Lebendigkeit und Freude erinnert?
- Wie drücken Sie Ihre Freude und Lebendigkeit aus?
- Wie reagieren Sie auf Menschen, die Sie zu boykottieren suchen?
- Was führt bei Ihnen zu dem Gefühl des innerlichen Sterbens und Erstarrens?
- Wann fühlen Sie sich besonders lebendig und freudig?

FRIEDE ZWISCHEN MUTTER UND TOCHTER

Friede ist zunächst wie ein empfindsames scheues Rehlein. Bevor er in eine Beziehung eintreten möchte und kann, müssen zuerst kriegerische Handlungen auf beiden Seiten der Widersacher dauerhaft eingestellt werden.

Ein sogenannter Waffenstillstand ist noch kein Frieden, sondern erst einmal nur ein Mitteldung zwischen Krieg und Frieden. Nach dem Waffenstillstand kommt zunächst die Annäherung von beiden Seiten und die beiderseitige Absicht, Streit beizulegen. Das ist eine heikle Phase, geht es doch darum, wer den ersten Schritt unternimmt. Hier sind Unterhändler nützlich.

Zwischen Töchtern und Müttern geht es oft um Grenzen, Privatsphäre und Rollen, um Selbstbestimmung, Unabhängigkeit und auch um Wiedergutmachung.

Mein Revier, dein Revier

Bei Tieren besteht ein Revier aus einem gegen andere Artgenossen abgegrenzten und verteidigten Lebensraum. Viele von ihnen unterscheiden zwischen Dauerrevieren und zeitlich begrenzten Territorien, wie dem Brutrevier. Dann gibt es noch die sogenannten Streifgebiete, in denen sich mehrere Tiere gleichzeitig und vorübergehend aufhalten und die nicht umkämpft beziehungsweise verteidigt werden.

Tiere machen durch die unterschiedlichsten Verhaltensweisen die Grenzen ihrer Reviere deutlich, sei es in Form von Duft- oder Geräuschmarkierungen oder ganz einfach durch ihre Präsenz. Ihre Terrains sind für sie überlebenswichtig, weil sie so ihre Nahrungsquellen und ihren Nachwuchs schützen können. Um Parallelen zum Menschen herzustellen, müssen wir gar nicht so weit ausholen.

Zunächst einmal dringt die befruchtete Eizelle in das Territorium der Mutter ein. Das Kind annektiert buchstäblich die Mutter. Sobald diese sich damit arrangiert, ist das Weiterleben des Kindes gesichert. Dann herrscht zwischen beiden zunächst Einvernehmen und eine sogar nach der Geburt fortbestehende Verbundenheit. Nach und nach vollzieht sich jedoch ein beiderseitiger Ablöseprozess. Das Kind erobert mehr und mehr sein eigenes Terrain. Es entdeckt für sich den Besitz, die Privatsphäre und es definiert Grenzen. Außerdem lernt es auch die von anderen zu erkennen und zu respektieren.

Das sind recht komplexe soziale Fähigkeiten: Wie lange schaut man einem Fremden in die Augen? Wie viele Zentimeter Abstand halte ich zum anderen ein? Wie laut oder leise spreche ich in welcher Umgebung? Wie lange schüttle ich jemandem die Hand? All das gehört zu einem subtilen nonverbalen Territorialverhalten. Was dabei passend oder unpassend ist, lernt ein Kind nach und nach zu erspüren, weil es hierfür keine eindeutigen Regeln gibt. Manche sind sehr gut im Umgang mit solchen sozialen Fähigkeiten und andere ecken immer wieder an und brauchen ab und zu Nachhilfe.

Besonders in der Pubertät suchen Jugendliche ein Gleichgewicht zwischen Zugehörigkeit und Abgrenzung. Aber auch Erwachsene treffen ständig irgendwelche Maßnahmen, die sie integrieren oder abgrenzen.

In der Beziehung zwischen Mutter und Tochter ist die Definition der gemeinsamen »Streifgebiete« und der jeweils privaten Reviere ein Minenfeld. Grenzen werden bewusst oder unbewusst übertreten, weil das gegenseitige feinfühlige Wahrnehmen derselben misslingt, oder es verschieben sich Grenzen durch veränderte Lebensumstände, zum Beispiel, wenn die Tochter von zu Hause auszieht oder selbst Mutter wird.

Im Grunde dient jedes Individualisierungsbestreben der Abgrenzung: die Duftnote eines Parfüms, das Familienfoto auf dem Schreibtisch, der Kleidungsstil, die Jalousien, der Gartenzaun etc.

Die Waffen der Frauen

Mit welchen »Waffen« kämpfen denn Mütter und Töchter gegeneinander? Das Arsenal ist ebenso fantasievoll wie erschreckend. Das Kriegsgerät kann subtil oder brachial sein, Langstreckenraketen, die auf Distanz wirken, kommen ebenso zum Einsatz wie Nahkampfwaffen.

In der weiblichen Waffenkammer befinden sich unter anderem: Sticheleien, Provokationen, Schuldzuweisungen, Vorwürfe, Verunsicherungen, Kritik, verletzende Vergleiche, Bloßstellungen, das Vorenthalten von Zuneigung, von Enkeln, von Beachtung und wer weiß, was noch allem, Psychodruck und überzogene Ansprüche.

Die spezifische Verwendung dieser Mittel zeigt an, in welcher Beziehung die Gegnerinnen zueinander stehen, wer wen dominieren will, wer angreift und wer verteidigt.

Wo genau sind aber Ignorieren und Schweigen anzusiedeln?

Eine Waffenpause ist noch kein Waffenstillstand und ein Waffenstillstand noch kein Friede.

Das hängt von den Umständen ab. Schweigen und Ignorieren können sehr wohl als Waffen eingesetzt werden, besonders dann, wenn dem Anwender bekannt ist, welche Wirkung damit erzielt wird.

Sofern es immer wieder zu einseitigen Grenzüberschreitungen kommt, ist mitunter ein Unterbruch oder gar ein Abbruch der Mutter-Tochter-Beziehung die einzige Möglichkeit, um vor weiteren Verletzungen geschützt zu bleiben.

Zum Glück sind derartige Maßnahmen eher die Ausnahme. Im Zuge der Friedensverhandlungen, die zunächst im Inneren – ohne tatsächliche Interaktion – ablaufen, gilt es einige Altlasten aufzuarbeiten.

Unerlöste Gefühle

Mitunter wissen Töchter und Mütter instinktiv, welche Knöpfe sie drücken müssen, um bestimmte Emotionen bei der anderen auszulösen. Oder anders ausgedrückt, um »unerlöste Gefühle« hervorzulocken.

Woran merken Sie denn, ob sich solche Gefühle zeigen? Wenn eine Reaktion auf eine Situation nicht verhältnismäßig ist. Sie spüren dann eine starke Anspannung, ein Engegefühl im Bauch, Hals oder in der Brust, Ihre Stimme verändert sich. Gerade weil Ihre Reaktion unverhältnismäßig ausgefallen ist, tut sie Ihnen anschließend oft leid oder sie ist Ihnen peinlich, weil Sie überwältigt wurden und sich nicht selbst steuern konnten.

Überlegen Sie dann bitte, warum Sie so reagiert haben. Passiert Ihnen das häufiger im Umgang mit Ihrer Tochter beziehungsweise Mutter und eher selten bei anderen Menschen? Ganz offensichtlich sind Sie auf etwas gestoßen, das Ihnen bisher immer wieder entwischt ist. Es ist ein »unerlöstes Gefühl« aus den Tiefen Ihres Inneren aufgetaucht und hat Ihnen selbst und anderen sein recht unschönes Gesicht gezeigt. Sie können Ihrer Mutter oder Tochter sagen: »Du löst viel bei mir aus. Ich komme damit gerade nicht zurecht. Ich brauche eine Pause, ich möchte nachdenken. Ich melde mich, wenn ich mich damit auseinandergesetzt habe.«

Nun haben Sie die Wahl: Lassen Sie es bis zum nächsten Mal wieder in die Versenkung verschwinden? Oder trauen Sie sich, dem Gefühl nachzuspüren?

Eine Emotionsentladung braucht mitunter einen unbeteiligten Zeugen, einen Zuhörer, eine Reflexionsfläche, jemanden, der Sie nicht verurteilt. Nehmen Sie sich doch vor, künftig in Echtzeit Gefühle auszuleben.

FRAGEN FÜR SIE

- ◇ Wo kam das Gefühl her, wodurch genau wurde es ausgelöst?
- ◇ Warum haben Sie sich provozieren lassen?
- ◇ Drängen Ihre Emotionen auf Befreiung: darüber sprechen, weinen, wütend werden?

Hilfe für die Mutter

Einer Mutter wird es helfen, wenn sie das, was sie aufgeben musste, was sie verloren hat, betrauert. Wenn sie die ungelebten Anteile, das, was sie vielleicht verpasst hat, als Verlust anerkennt, angestauten, verdrängten, unerlösten Gefühlen aus der Vergangenheit in einem sicheren Rahmen Raum gibt und damit dieses unselige Erbe unterbricht.

Sie befreien Ihre Tochter, wenn Sie sich ganz bewusst Ihrem eigenen Schmerz widmen und diesen nicht zum Problem Ihres Kindes machen. Mütter können ihre Töchter erst dann wirklich frei in ihr eigenes Leben gehen lassen.

Hilfe für die Tochter

Eine Tochter tut sich oft schwer damit, die Beziehung zur Mutter zu hinterfragen. »Schließlich hat die Mutter doch so viel für mich getan.« Oder sie denkt: »Warum kann sich diese Frau nicht einfach einmal zurücknehmen?«

Es ist nicht nur ehrlich, sondern auch heilsam, genau hinzuschauen, was an Trauer, Zorn und Angst hochkommt. Töchter tun gut daran zu erkennen, dass sie nicht die Verantwortung für die Verluste ihrer Mutter übernehmen können. Je älter eine Tochter wird, desto stärker beginnt sie auf einer tieferen Ebene zu verstehen, dass sie die Zustimmung oder Liebe der Mutter nicht verlieren wird – und wenn doch, dann spürt sie, dass sie stark genug geworden ist, aus diesem Erbe herauszutreten.

Jede Tochter besitzt das Potenzial, für sich selbst die Mutter zu werden, die sie immer gebraucht hätte, und sich selbst die Liebe, Anerkennung und den Freiraum zu geben, um über sich und die eigene Mutter hinauszuwachsen.

DIE EWIG KRITISCHE MUTTER

»Nicht, was wir erleben, sondern wie wir empfinden, was wir erleben, macht unser Schicksal aus!«

MARIE VON EBNER-ESCHENBACH (ÖSTERREICHISCHE DICHTERIN)

Was ist Ihr persönlicher »Aufreger«? Mutters Besserwisserei, das Einmischen? Wie reagieren Sie darauf? Betrachten Sie die mütterliche Kritik einmal ganz sachlich, dann erkennen Sie, dass die Mutter ihre eigene Lebensart und -weise, ihre eigenen Erfahrungen und ihr eigenes Wissen hat – und das unterscheidet sich im Konfliktfall von Ihrem eigenen. Die meisten Mütter geizen nicht mit ihrem Wissen und lassen ihre Lieben, wann immer es möglich erscheint, an dem vermeintlichen Schatz – nennen wir es »Anderswissen« – teilhaben.

Wie gehen Sie damit um?

Gehen Sie vorab bitte davon aus, dass sich Ihre Mutter nicht verändern möchte. Kommen Sie ihr auf halber Strecke entgegen. Das Schöne dabei ist, dass auch Sie sich dabei überhaupt nicht ändern müssen.

Lassen Sie die Mutter einfach so sein, wie sie ist.

Wertschätzung, die Sie sich selbst zukommen lassen, müssen Sie nicht von anderen und auch nicht von Ihrer Mutter einfordern. Das macht Sie emotional unabhängig. Ein fantastisches Gefühl! Ein guter Selbstwert geht nahtlos über in Selbstvertrauen und Selbstliebe.

Wenn Sie die mütterliche Anderswisserei dennoch nicht zur Ruhe kommen lässt, obwohl Sie ihr innerlich gestattet haben,

Anderswisserin zu sein, dann steckt dahinter womöglich eine Botschaft. Vielleicht möchten Sie hierzu noch einmal zurückblättern zu dem Abschnitt über unerlöste Gefühle (Seite 149 f.).

FRAGEN FÜR SIE

- ◇ Um welches Thema geht es denn bei dem Konflikt?
- ◇ Was für ein Gefühl beschleicht Sie bei dem Thema?
- ◇ Werden Sie nicht ernst genommen?
- ◇ Sind Sie deswegen wütend, verunsichert?
- ◇ Fühlen Sie sich klein oder wieder zum Kind gemacht?

Sobald Sie ein Gefühl wahrnehmen, drehen Sie bitte das Gedankenschiff nicht ab in Richtung Ignoranzhafen. Bleiben Sie dran: Sammeln Sie alles ein, was Ihnen zu diesem Gefühl einfällt.

NOCH MEHR FRAGEN FÜR SIE

- ◇ Gab es in der Vergangenheit ähnliche Situationen mit dem gleichen Gefühl?
- ◇ Was verbinden Sie mit diesem Gefühl?
- ◇ Wo kommt es her?
- ◇ Gibt es noch andere Menschen, die dieses Gefühl in Ihnen erzeugen?
- ◇ Was macht dieses Gefühl mit Ihnen?

Solche Gedankenexkursionen bringen Klarheit bezüglich der Ursachen dieses Gefühls. Nehmen Sie sich die Zeit, die Sie brauchen, und üben Sie sich im Reflektieren.

Wie möchten Sie denken und fühlen, um mit Ihrer Mutter besser umgehen zu können? Welche Einstellung bräuchten Sie, um nicht mehr getriggert zu werden?

Mütter sind von Natur aus kritisch, wenn es um ihren Nachwuchs geht. Das ist ein Naturgesetz. Sie können gar nicht anders! Das begann schon, bevor wir geboren wurden, indem sie unsere Chromosomen auf mögliche Fehler durchleuchteten, und es wird sich mit Sicherheit auch nicht in diesem Leben ändern, bis dass der Tod uns scheidet.

VOR DER EIGENEN TÜRE KEHREN

Kritisch sind nicht nur unsere Mütter, sondern auch wir. Kritisieren bedeutet, jemanden oder etwas zu bewerten. Unbewusst tun wir das unaufhörlich. Bei jeder Begegnung mit einem anderen Menschen treten wir innerlich eine ganze Lawine von Bewertungen und Urteilen los. Wir können gar nicht anders, als zu versuchen, uns ein Bild von jemandem zu machen, das sich auf unser Bewertungssystem stützt. Das ist ein Versuch, um vorauszusehen, was uns in einer Situation erwartet, um die Kontrolle darüber zu behalten.

Schnell ist allerdings auch der Punkt erreicht, an dem wir jemanden abstempeln und damit uns und unserem Gegenüber die Chance nehmen, dass wir uns einigermaßen unvoreingenommen begegnen. Die Art und Weise, wie wir andere beurteilen und welches Bild wir innerlich von jemandem zeichnen, sagt in Wirklichkeit weniger über den anderen als recht viel über uns selbst aus.

In diesem Zusammenhang möchte ich Sie gerne zu einem Selbstexperiment einladen.

4 SCHRITTE

- ◇ *Beobachten* Sie einfach einmal, was in einer Situation, in der Sie einem anderen Menschen begegnen, tatsächlich geschieht. Was hören und sehen Sie? Beschreiben Sie für sich einfach das, was der andere macht oder was Ihnen auffällt. Nehmen Sie dabei ganz bewusst Abstand von einer kritischen Haltung. Eine Beobachtung wird eingeleitet durch: »Ich sehe …«. Eine Bewertung oder Kritik wird zum Beispiel eingeleitet durch: »Die Person ist …«. Also nur: »Ich sehe, ich höre …«!
- ◇ Als Nächstes spüren Sie in sich hinein. Wie *fühlen* Sie sich dabei: erschrocken, verärgert, verwundert, irritiert, neugierig, fasziniert, froh?
- ◇ Wenn Sie Ihre Gefühle erspürt haben, überlegen Sie, welches *Bedürfnis*, welches Anliegen von Ihnen hinter diesen Gefühlen steckt.
- ◇ Können oder möchten Sie aus diesem Anliegen heraus eine Bitte oder einen *Wunsch* an Ihr Gegenüber richten, damit Ihr Leben (und das des anderen) wieder schöner wird, damit Sie sich besser fühlen?

Nun möchte ich dieses Gedankenexperiment gerne in eine mögliche Szene mit Ihrer Mutter übertragen: Nehmen wir an, zwischen Ihnen und Ihrer Mutter herrscht gerade dicke Luft und eine Sendepause ist eingetreten. Lassen Sie uns nach dem Muster der 4 Schritte einen Lösungsansatz konstruieren:

EIN WEG ZUEINANDER

- *Meine Beobachtung*: »Mama, du hast dich seit unserem letzten Gespräch nicht mehr gemeldet.«
- *Mein Gefühl*: »Ich habe mich zuerst wütend gefühlt und jetzt bin ich deswegen verletzt und irritiert.«
- *Mein Anliegen/Bedürfnis*: »Ich brauche Frieden und Harmonie in meinem privaten Leben.«
- *Mein Wunsch*: »Es wird uns beiden guttun, wenn wir uns auf einen Kaffee treffen. Wann hast du Zeit?«

Das Teilen von Gefühlen und Bedürfnissen, bezogen auf konkrete Beobachtungen, schafft Verbindungen. Sie erreichen einen anderen auf einer emotionalen Ebene eher als durch Botschaften, die Bewertungen enthalten. Solche Aussagen können mehrdeutig, missverständlich oder verletzend ankommen.

Eine wertende, eher destruktive Botschaft wäre – um bei dem Beispiel von oben zu bleiben – vielleicht so ausgefallen:

- »Deine Worte bei unserem letzten Gespräch waren unverschämt.« (= Bewertung)
- »Du bist ein rücksichtsloser Mensch.« (= Urteil)
- »Und der Gipfel ist, jetzt spielst du auch noch die Beleidigte!« (= Unterstellung)
- »Wenn dir noch was an mir liegen sollte, dann melde dich, anderenfalls kommen auch die Kinder nicht.« (= Drohung)

Es wird Ihnen guttun, wenn Sie nicht mehr Opfer eines inneren verurteilenden Dialogs sind. Solche Gespräche tun uns nicht gut, sie halten einen davon ab, sich seiner eigenen Bedürfnisse bewusst zu werden. Richten Sie Ihre Aufmerksamkeit auf das, was Sie wirklich brauchen und was Ihnen guttut.

SORGEN SIE GUT FÜR SICH!

Vielleicht möchten Sie das folgende Fürsorgerezept kopieren oder ausschneiden und in Ihre Geldbörse legen, damit Sie öfter einen Blick darauf werfen können:

So kommen Sie in Kontakt mit sich:

◇ Wie geht es mir?

◇ Was nehme ich wahr, in mir, um mich herum?

◇ Was bewirkt das in mir, was macht das mit mir?

So gehen Sie Konflikte an:

◇ *Ich sehe, höre, nehme wahr* … Beobachten Sie objektiv ohne Wertung.

◇ *Ich fühle mich deswegen* … Was spüren, fühlen Sie, wenn Sie beobachten?

◇ *Ich brauche* … Welches Ihrer Bedürfnisse, Ihrer Anliegen steckt hinter dem Gefühl?

◇ *Ich wünsche mir* … Eine konkrete Bitte, die Ihr Leben schöner macht.

Weitere nützliche Hinweise finden Sie unter den Stichwörtern »Gewaltfreie Kommunikation« in der Literatur und im Netz.

VON KILLERPHRASEN UND TOTSCHLAGARGUMENTEN

Kleiner Tipp vorab: Bleiben Sie im Umgang mit Killerphrasen und Totschlagargumenten wie den hier und auf den nächsten Seiten folgenden höflich, aber bestimmt. Ihre Mutter ist nicht Ihre Feindin. Begegnen Sie ihr mit Respekt, weil Sie sich selbst lieben und respektieren.

Machen Sie sich frei von Hoffnungen und Wünschen gegenüber Ihrer Mutter. Lassen Sie sie einfach sein. Nicht im Sinne von Ignoranz, sondern von Akzeptanz: Sie darf so sein, wie sie ist, und Sie ebenfalls.

Schon mal den folgenden Satz gehört?

»**Mach doch, was du willst.**« – Mit anderen Worten:

- ◇ »Ich bin draußen, mach es alleine.« Ist es so schlimm, das zu machen, was SIE wollen?
- ◇ Brauchen Sie immer und unbedingt Unterstützung, Befürwortung, Bestätigung?
- ◇ Fühlen Sie sich schlecht, wenn sich Ihre Mutter zurückzieht, weil Sie Ihren Weg gehen?

»Du machst mich glücklich/Du machst mich traurig!«

Tatsächlich? Sind Sie dafür zuständig und mit Ihrem Handeln und Ihren Entscheidungen dafür verantwortlich, dass es anderen Menschen beziehungsweise Ihrer Mutter gut geht? Wenn Sie sich da mal nicht übernehmen.

Urheber für Freud und Leid sind nicht andere und auch nicht die eigene Mutter. Ebensowenig sind Sie für deren Glück und Unglück im Leben zuständig. Andernfalls sind Sie ein Stimmungsjunkie.

»Lass mich mal schauen.«

Beim Schauen bleibt es in der Regel nicht. Sobald Sie Ihre Mutter mal schauen lassen, haben Sie das Heft aus der Hand und ihr grünes Licht gegeben, damit sie übernehmen und Entscheidungen für Ihr Leben treffen kann.

»Bildest du dir etwa ein…?«

Sie sind also eingebildet, von sich überzeugt, nicht genug ausgebildet… Und wenn schon. Wenn's klappt, ist es gut, wenn nicht, dann machen Sie einen Fehler. Wäre das denn so schlimm? Fehler sind unser Kapital zum Lernen.

»Sei doch vernünftig!«

Ihnen wird durch die Blume attestiert, Sie seien gerade verrückt oder zu emotional oder abnormal. Nicht gerade nett und auch kein stichhaltiges Argument. Sehen Sie zu, dass das bei Ihnen nicht zieht. Da müssen andere Argumente her.

»Du solltest, hättest, könntest, müsstest, würdest!«

Hast du aber nicht!

Präteritum Konjunktiv II also. Eine Definition gefällig? »Mit dem Konjunktiv II verlassen wir die reale Welt und widmen uns der irrealen Welt, dem Reich der Fantasien, der Vorstellungen, der Wünsche, der Träume, aber auch der Höflichkeit. Diese gedachten, angenommenen oder möglichen Sachverhalte, die nicht real sind und nicht existieren, werden mit dem Konjunktiv II gebildet.«

Laden Sie Ihre Mutter doch stattdessen ein, Ihnen in der realen Welt zu begegnen: »Ich bin, habe, kann und will und wenn nicht, dann lasse ich es!«

»Man sollte mal …«

Wer ist denn der oder die »man«? Kennen Sie nicht? Eben! Deswegen brauchen Sie sich auch nicht angesprochen zu fühlen. Sie haben einen Vornamen. Den kennt keiner besser als Ihre Mutter. Wenn Sie ihn benutzt, dann weiß sie auch, wem sie nach der Erledigung »Danke« sagen kann.

VON SELBSTSABOTEUREN UND LEISTUNGSTIEREN

Auch wenn sich Selbstsaboteure und Leistungstiere auf den ersten Blick stark unterscheiden, so ist bei beiden der gemeinsame Nenner die Unfähigkeit, den eigenen Wert sehen zu können. Daher treten mitunter auch Mischformen auf.

Welcher Typ sind Sie? Denken Sie mal zurück: Wie oft hat Ihre Mutter Sie gelobt? Wann hat sie Sie in den Arm genommen und Ihnen gesagt, wie lieb sie Sie hat? Wie hat es sich angefühlt, wenn Sie als Kind die Mama stolz gemacht haben, wenn Sie und die Mama zusammen total glücklich waren? Was mussten Sie dafür tun? – Wie bitte? Gar nichts? – Das ist ganz wunderbar und genau so sollte es auch sein: Ein Kind, das weiß, dass es bedingungslos geliebt wird, ganz einfach deswegen, weil es die Tochter oder der Sohn ist. Ich möchte wetten, dass Sie mit Ihren Kräften ganz gut haushalten können und eher ein ausgeglichener Typ sind.

Und was ist mit Ihnen, was mussten Sie dafür tun, um geliebt zu werden? Brav und gehorsam sein und das tun, was erwartet und gesagt wurde, dabei nett und hübsch ausschauen, gute Noten schreiben, fleißig und immer hilfsbereit sein, stets an und für andere denken sowie dankbar und unkompliziert sein? Das ist Ihnen nicht stets zur vollsten Zufriedenheit der Mutter gelungen? Tja, dann atmen Sie doch bitte tief ein und aus und lesen Sie einfach weiter.

- Als Reaktion auf das Gefühl, nur durch Leistung Liebe zu verdienen, entstehen selbstschädigende Muster. Folgen dieser tief eingeprägten Lebensmuster sind oft Depressionen, Suchtverhalten, Burnout oder Frustration und Minderwertigkeitsgefühle.
- Hat der eine irgendwann frustriert und mutlos aufgegeben, gut (genug) zu sein, meint der andere, durch immer größere Leistungen seinen Wert unter Beweis stellen und sich so Zuneigung erwerben zu müssen.

Ich bin mir egal

Wer aufgegeben hat, wird zum Selbstsaboteur. Er ist Hauptdarsteller von sich selbst erfüllenden Prophezeiungen. Dieses Kind beschließt aufzugeben, etwas erreichen zu wollen, und signalisiert damit meist unbewusst: Es ist mir so was von egal, was ihr von mir haltet, denn ich bin mir auch egal. Dazu passende Denkmuster und Handlungen etablieren sich und halten es davon ab, seine Herzenswünsche erreichen zu wollen. Es wirkt antriebslos, depressiv und beginnt nicht selten, sich zu vernachlässigen.

Bei der Selbstsabotage gibt es unterschiedliche Varianten und Grade. Es gibt den Loser, das ewige Kind, den Suchttyp, aber auch subtilere Formen: Da ist beispielsweise die Frau, die jede Beziehung beendet, bevor sie in irgendeiner Form ernst und verbindlich werden kann. Sie hat große Angst davor, zurückgewiesen oder enttäuscht zu werden, und greift dieser Möglichkeit deshalb immer voraus. Da ist der Angestellte, der den Sprung in die Selbstständigkeit nicht schafft, obwohl er sich nichts sehnlicher wünscht, um sich einen beruflichen Lebenstraum zu erfüllen. Auf den letzten Drücker macht er immer einen Rückzieher, weil er Angst hat zu scheitern. Dann ist da auch das Mädchen, das jedes Jahr ein paar Kilos mehr zulegt, weil es den strengen Maßstäben der Mutter eh nie gerecht wird.

FRAGEN FÜR SIE

- ◇ Verhalten Sie sich eher passiv oder proaktiv?
- ◇ Wovon träumen Sie?
- ◇ Trauen Sie sich zu träumen ohne Limits oder schelten Sie sich sogleich, größenwahnsinnig und dreist und maßlos zu sein?
- ◇ Verbieten Sie sich gar zu träumen?
- ◇ Haben Sie Träume, die Sie gar nicht erst zu verwirklichen versuchen?
- ◇ Geben Sie leicht auf, wenn sich Ihnen ein Problem in den Weg stellt?
- ◇ Finden Sie sich häufig in selbstzerstörerischen Mustern, die Sie nicht zu durchbrechen fähig sind?

Ich leiste, also bin ich

Wer meint, sein Bestes sei noch nicht genug, wird zum Leistungstier. Wem das Gefühl vermittelt wird, Liebe muss erst verdient werden, der wird es durch mehr und bessere Leistung versuchen.

Ein Kind giert nach Liebe und Anerkennung und lässt sich deswegen häufig ohne Widerstand in das Leistungshamsterrad locken. Später ist keine Karriereleiter zu hoch, alles kann schneller und besser erledigt werden, Sport wird zur Passion, keine Weiterbildung wird ausgelassen, Schmerz ist Nebensache. Die Frage: »Wofür mache ich das?« muss der Frage: »Was oder wie viel bekomme ich dafür?« weichen.

Da ist der Unternehmer, der auf der Überholspur des Lebens in seinem Streben nach Anerkennung von außen den inneren

Aufruhr und Zustand permanenter Überforderung überhört. Die Frau in den besten Jahren, die sich das Gesicht liften, die Brüste richten, das Fett absaugen oder die Schamlippen kürzen lässt, in der Hoffnung, deswegen liebenswert zu sein.

FRAGEN FÜR SIE

- ◇ Haben Sie Rückenprobleme?
- ◇ Gehen Sie krank zur Arbeit?
- ◇ Benutzen Sie häufig Medikamente, um Schmerzen zu unterdrücken, damit Sie funktionieren können?
- ◇ Sind Sie hart im Nehmen?
- ◇ Sagen Sie oft Ja, obwohl Sie Nein meinen?
- ◇ Kümmern Sie sich mehr um andere als um sich selbst?
- ◇ Ist Ihnen das Geschäft wichtiger als die Familie?
- ◇ Wie viel Kaffee brauchen Sie, um hochzufahren, und wie viel Wein, um wieder herunterzukommen?
- ◇ Meinen Sie, weniger Schlaf zu brauchen als der Durchschnittsmensch?
- ◇ Denken Sie, das Label »der oder die ist unkompliziert« ist erstrebenswert?

Zu spüren, dass man so, wie man ist, nicht geliebt wird, ist ein ungutes Gefühl. Natürlich ist es richtig und wichtig zu wachsen, sich weiterzuentwickeln und dabei auch gefördert zu werden. Es macht uns auch glücklich zu spüren, wie wir andere glücklich machen. Vorausgehen soll dem jedoch die vorbehaltlose bedingungsfreie Annahme und Liebe. Anerkennung, Wertschätzung und Liebe von außen zu erfahren, als erste Beziehungserfahrung mit den Eltern und im Besonderen mit der Mutter, ist ein fettes Startkapital für das Leben. Wenn dieses Fundament nicht in Ihrer Kindheit gelegt wurde, dann ist es höchste Zeit dafür, dass Sie das für sich selbst nachholen. Was die Seele heilt und was auch für neue Synapsenbildungen und Vernetzungen im Gehirn sorgt, sind geistige Beweglichkeit, Empathie, Begeisterungsfähigkeit und das Gefühl, das »So-bin-ich« zu leben, sich so zu zeigen, wie man ist, mit allen Schwächen, Verletzungen und Erfahrungen.

Bedingungslose Liebe ist die Basis, worauf die Fähigkeit aufgebaut werden kann, Bestätigung aus sich selbst zu schöpfen.

FRAGEN FÜR SIE

◇ Was ist der wirkliche Gewinn für Sie, wenn Sie systemkompatibel funktionieren?

◇ Was, meinen Sie, tut Ihnen besser? Schmerzen zu betäuben, zu übertünchen oder auch mal zuzugeben, vor sich selbst und anderen, dass Sie Schmerz oder Unbehagen empfinden, und dazu zu stehen und hinzusehen?

Sprengen Sie den Panzer von Eitelkeit, Erwartungen, Ängsten und vermeintlichen Sicherheiten. Durchbrechen können Sie die unheilvollen Muster von Selbstsabotage und Leistungszwang. Schütteln Sie die Ängste zu scheitern, andere zu enttäuschen und die Furcht vor Verlust ab.

Erkennen und verstehen Sie, was hinter Ihrer selbstschädigenden Strategie steckt. Arbeiten Sie gezielt an Ihrem Selbstbewusstsein und steigern Sie Ihre eigene Wertschätzung. Das macht Sie frei davon, Bestätigung und Anerkennung einzig von außen zu holen. Sie dürfen das! Sie brauchen hierfür weder von Ihrer Mutter noch sonst von irgendjemandem die Ermächtigung oder Erlaubnis. Sie sind König im eigenen Reich.

SCHRITTE ZU KLARHEIT UND FREIHEIT

Während der Lektüre dieses Buchs mag Ihnen langsam dämmern, wie stark Ihr Verhältnis zur Mutter Ihrer Kindheit bis heute Ihr Leben und Ihre Befindlichkeit beeinflusst.

Gibt es Anteile von und in Ihnen, die noch nicht in Frieden mit Ihrer Mutter sind? Obwohl Sie spüren, dass Ihre Mutter ihr Bestes zu geben versuchte, empfinden Sie einen Groll in sich?

Der Psychoanalytiker und Familientherapeut Bert Hellinger entwickelte mit seiner Form der Familienaufstellung eine von ihm als »Lebenshilfemethode« bezeichnete Gruppenarbeit.

Er legt seinen Patienten Demut nahe, um zu der Erkenntnis zu gelangen, dass das Leben mit seinen Ordnungen größer ist als die eigene Person. Demut vor der Größe des Lebensgeschenks, das man durch Mutter und Vater erhalten hat. Ihr demütiges Ehren bedeutet auch die Zustimmung zum Leben und zum Schicksal, wie es die Eltern vorgeben. Dazu gehören die Grenzen und die Möglichkeiten des Lebens und auch die Verstrickungen der Familie, in die man hineingeboren wurde. Von ihm stammt die Danksagung auf der nächsten Seite.

Der Text wird einem Gegenüber stellvertretend für die Mutter vorgetragen. Mit einem solchen Zeugen nimmt man die Übung ernster, als wenn man sie für sich allein ausführt. Allein das Sprechen dieser Sätze kann tiefe Prozesse auslösen. Wenn man sie bewusst spricht, kann man auch deutlich spüren, ob noch »etwas zu tun ist«. Man merkt selbst und erhält auch von dem »Zeugen« die Resonanz, ob man mit dem Inhalt in Einklang steht. Stolpert man bei bestimmten Stellen, ist es lohnenswert, sich intensiver damit auseinanderzusetzen. Manche meinen, dass das uneingeschränkte »Annehmen der Mutter« für sie bedrohlich sein könnte wegen eines problematischen Charakterzugs, einer Schuld oder einer Behinderung. Wer hier einen Einwand vorbringt, verpasst die Chance, die Mutter als Ganzes zu nehmen.

Die Wirkung des hier Geschilderten kann man erfahren, wenn man sich vorstellt, vor der Mutter zu knien oder sich zu verneigen und mit ausgestreckten Armen und nach oben gewandten Handflächen zu sprechen: »Ich gebe dir die Ehre.«

Danach nehmen Sie eine für Sie passende Position ein, sehen der Mutter in Form Ihres Zeugen in die Augen und danken ihr für das Geschenk des Lebens. Wählen Sie in der Anrede die Form, die Sie als Kind benutzt haben.

LIEBE MAMA/LIEBE MUTTI,

ich nehme es von dir, alles, das Ganze, mit allem Drum und Dran und zum vollen Preis, den es dich gekostet hat und den es mich kostet. Ich mache was daraus, dir zur Freude (und zum Andenken). Es soll nicht umsonst gewesen sein. Ich halte es fest und in Ehren und wenn ich darf, gebe ich es weiter, so wie du. Ich nehme dich als meine Mutter und du darfst mich haben als dein Kind. Du bist für mich die Richtige und ich bin dein richtiges Kind.

Du bist die Große, ich der (die) Kleine. Du gibst, ich nehme – liebe Mama. Ich freue mich, dass du den Papa genommen hast. Ihr beiden seid die Richtigen für mich. Nur ihr!

Allein nur zuzulassen, in diese Form der Interaktion mit der Mutter zu treten, bereitet vielen Menschen bereits Mühe. Der ausgesprochene Wunsch: »Ich wünsche mir von Herzen Frieden mit dir, liebe Mutter« ist bereits eine Etappe auf dem Friedensweg, den Sie von da an beschreiten können.

In einer professionell geleiteten Familienaufstellung wird natürlich auch der Vater entsprechend gewürdigt. Wie bereits erwähnt, liegt der Fokus dieses Buchs aber auf der Mutter.

Wenn Sie dieser Ansatz angesprochen hat, suchen Sie sich einen kompetenten Therapeuten, der Familienaufstellungen nach Hellinger anbietet.

WER HAT WEN IN DER HAND?

»Überlege einmal, bevor du gibst, zweimal, bevor du annimmst, und tausendmal, bevor du verlangst!«

MARIE VON EBNER-ESCHENBACH (ÖSTERREICHISCHE ERZÄHLERIN)

Abhängigkeiten sind ein Teil unseres Lebens. Solange uns das nicht stört, ist alles in Ordnung. Als kleines Kind war es für Sie völlig normal, von Ihrer Mutter abhängig zu sein. Sie probten ab und zu den Aufstand, aber über eine ganze Reihe von Jahren haben Sie diesen Zustand hingenommen.

Fühlen Sie sich heute noch immer in irgendeiner Form von Ihrer Mutter abhängig? Hat Ihre Mutter etwas, was Sie gerne haben wollen, was Sie von ihr nehmen möchten und das sie zurückhält oder Ihnen vorenthält? Diese Ansprüche oder Erwartungen können ganz unterschiedlich ausfallen: Sie könnten zum Beispiel beklagen, dass Ihre Mutter in der Vergangenheit dieses oder jenes besser hätte machen sollen oder was sie sonst noch hätte tun können.

Solange Sie irgendwelche Ansprüche an jemanden stellen, räumen Sie dieser Person Macht über sich und Ihr Leben ein.

Sie erheben dabei einen Anspruch auf etwas, was Sie in der Vergangenheit nicht bekommen haben. Oder Sie melden einen Anspruch auf die Zeit Ihrer Mutter an. Benötigen Sie sie als Babysitterin Ihrer Kinder? Brauchen Sie das offene Ohr von ihr als Zuhörerin? Vielleicht erwarten Sie auch etwas von ihr in der Zukunft, eine Offenbarung, ein Eingeständnis, ein Erbe, das Sie antreten möchten.

Egal, was Ihnen in den Sinn kommt, jede Form von Erwartung und Forderung bringt uns in ein Abhängigkeitsverhältnis. Besonders verletzlich und empfindlich sind wir in der Regel dann, wenn wir eine Liebesbeziehung mit einer Person hatten oder haben. Mit einem Liebesverhältnis hat auch die Beziehung mit Ihrer Mutter angefangen. Eine Abhängigkeit von ihr kann ganz subtil sein oder auch als recht massiv empfunden werden.

Anhand der folgenden Beispiele möchte ich mit Ihnen gerne ein paar Auswirkungen anschauen.

Sie erheben auf etwas Anspruch, das Ihnen in der Vergangenheit vorenthalten wurde

Dass die Vergangenheit bereits gelaufen ist, wissen Sie selbst. Es geht Ihnen mehr um die Genugtuung. Das ist nicht falsch. Ein Gefühl dafür, was Recht ist, und die Einsicht derer, die Ihnen dieses Recht verwehrt haben, geben Ihnen Halt und Bestätigung. Überlegen Sie dazu bitte, ob Sie zur Befriedigung dieses Bedürfnisses Strategien wählen, die Ihnen guttun, die alte Wunden lindern und heilen, oder ob Sie sich damit immer wieder aufs Neue verletzen.

FRAGEN FÜR SIE

- ◇ Trauen Sie sich, das, was Sie seit Langem mit sich herumtragen, offen anzusprechen?
- ◇ Was hat Sie bisher daran gehindert?
- ◇ Haben Sie Ihre Gefühle nicht ernst genommen?
- ◇ Wenn das der Fall ist, wieso sollte es dann Ihre Mutter tun?

Tatsächlich spiegeln uns die Menschen, mit denen wir zu tun haben, zu einem gewissen Maß. Was strahlen Sie aus?

Ist Ihnen erst so nach und nach bewusst geworden, was zwischen Ihnen gelaufen ist? Dann haben Sie sich entwickelt und dabei verändert. Bravo! Teilen Sie diese Entwicklung mit anderen, mit Ihrer Mutter. Behalten Sie dabei aber im Hinterkopf, dass sie sich womöglich parallel dazu nicht verändert hat.

Haben Sie angenommen, die Zeit würde Ihre Wunde heilen? Dann haben Sie Ihr Anliegen unbewusst und erfolglos abgegeben. Die Zeit hat sich nämlich nicht darum gekümmert, Sie nehmen es nun doch besser selbst in die Hand.

Schließlich haben Sie sich endlich überwunden, machen den Mund auf und – wie reagiert die Mutter? Unverständnis macht sich breit, sie kann sich nicht erinnern, ist traurig, fassungslos, geht zum Gegenangriff über. Vielleicht dreht sie sogar den Spieß um und beschuldigt Sie. Was dann? Sie leiden und damit beherrscht Sie Ihre Mutter.

Das, was Sie bisher bekommen haben, was Ihnen die Mutter bisher geschenkt hat, reicht Ihnen nicht. Sie möchten, nein, Sie müssen mehr haben. Die Uneinsichtigkeit der Mutter trennt Sie von ihr. Wirklich? Nein, das tut sie nicht! Mutters Uneinsichtigkeit kettet sie aneinander. Genau das Gegenteil von dem, was Sie sich erhofft haben, ist passiert. Sprechen Sie offen über Ihre Gefühle, aber befreien Sie sich von Erwartungen.

Sie erheben Anspruch auf die Zeit Ihrer Mutter

Zum Beispiel für das Hüten Ihrer Kinder. Es ist müßig, sich darüber zu ärgern, wie sie der Aufgabe nachkommt. Wenn Ihre Mutter danach giert, die Kleinen bei sich zu haben, ist die Ausgangslage eine ganz andere. Dann können Sie auch Forderungen stellen. Solange Sie aber bedürftig sind, sind Sie nicht in der Position, Ihre Vorstellungen 1:1 durchzusetzen.

Sie erwarten etwas in der Zukunft

Damit sind Sie unfrei. In der Zwischenzeit müssen Sie sich benehmen, um sich dieser Gabe als würdig zu erweisen. Wer nichts erwartet und etwas bekommt, wird beschenkt. Wer etwas erwartet und nichts bekommt, wird enttäuscht. Umgekehrt kann auch Ihre Mutter Ansprüche und Erwartungen an Sie haben.

Je nachdem, wie hoch diese Erwartungen sind, umso größer ist Mutters Abhängigkeit – emotional oder materiell – und desto größer ist wiederum Ihre Machtfülle. In dieser Konstellation haben Sie die Mutter in der Hand. Denken Sie bitte mal in Ruhe darüber nach, wenn Sie sich das nächste Mal über Mutters Anspruchsdenken aufregen, ob da nicht auch ein wenig Genuss mitschwingt. Dass Sie so ein guter und tüchtiger Mensch sind, dass Sie so gebraucht werden, dass das niemand außer Ihnen so gut hinbekommt und so weiter und so weiter. Wollen Sie Ihre Mutter vielleicht in der Hand haben? Züchten Sie – vielleicht nur im Unterbewusstsein – Abhängigkeitsverhältnisse? Eine hässliche Vorstellung. Besser Sie sind beide frei!

FRAGEN FÜR SIE

- ◇ Wann und womit hat Ihre Mutter Macht über Sie?
- ◇ Umgekehrt: Wann und womit haben Sie Macht über Ihre Mutter?
- ◇ Sind die Machtverhältnisse ausgeglichen? Wie lange noch?
- ◇ Wen ermächtigen Sie, etwas zu tun?
- ◇ Wie steht es um Ihre Selbstermächtigung?
- ◇ Wer hat wen in der Hand?

EXKURS: UNHEILVOLLER ROLLENTAUSCH UND MISSBRAUCH

Was bei kleinen Kindern niedlich erscheint, wenn das Söhnchen die Mami und das Töchterlein den Papi heiraten möchte, ist irgendwann nicht mehr lustig. Nämlich dann, wenn sich aus dem kindlichen Wunsch ein ungesundes Verhältnis und Abhängigkeit entwickelt. Es beginnt als harmloser Rollenkonflikt, kann aber für die heranwachsenden Kinder in einem Komplex und noch später in einem Drama enden.

Figuren aus der griechischen Mythologie standen bei der Namengebung der Komplexe Pate: der Ödipuskomplex beim Mann und der Elektrakomplex bei der Frau. Ödipus und Elektra standen in einem inzestuösen Verhältnis zum gegengeschlechtlichen Elternteil.

Kinder müssen nach und nach lernen, sich von ihren Eltern zu lösen. So nehmen sie sich als Einzelwesen und die Eltern als ein Paar wahr. Das hilft ihnen, unverhältnismäßige Ansprüche aufzugeben. Sie nehmen Grenzen wahr zwischen dem eigenen Selbst und dem anderen, zwischen Fantasie und Wirklichkeit, aber auch zwischen Gut und Böse, die durch Moralvorstellungen definiert werden. Stehen die Eltern zueinander und zu ihren Kindern in einem gesunden Verhältnis, dann gelingt das nicht nur in Bezug auf die sexuelle Orientierung, sondern auch im Hinblick auf das Selbstbewusstsein. Gelingt es nicht, so lässt die allzu enge Bindung eines Sohns an die Mutter den Vater zum Rivalen werden. Die allzu intensive Anbindung der Tochter an den Vater führt zu einer Feindseligkeit gegenüber der Mutter und zu deren Entwertung.

In beiden Konstellationen verlassen Familienmitglieder ihren angestammten Platz und die damit verbundenen Aufgaben. Dem geht immer voraus, dass zunächst die Eltern ihren Platz nicht einnehmen und ihre Rolle nicht ausleben. Dann erst kann es zu Verschiebungen im Familiensystem kommen.

In Gang gesetzt wird eine unheilvolle Entwicklung also IMMER von den Erwachsenen beziehungsweise den ranghöheren Mitgliedern. Daher sind sie es auch, die zur Verantwortung zu ziehen sind. Wenn eine Mutter beispielsweise emotional nicht für die Familie da ist – meist geschieht dies unbewusst –, dann kann das dazu führen, dass eine heranwachsende Tochter ihren Platz übernimmt, um das Familiensystem am Leben zu halten. Wenn dann wiederum der Vater seinen Platz verlässt, kann es zu einer überemotionalen Bindung mit dem Vater kommen. Das ist die harmlosere Variante. Im Extremfall missbraucht der Vater die Tochter auch sexuell. Das ist nur eine der möglichen Konstellationen. Die emotionale Abwesenheit der Mutter kann sogar so weit gehen, dass sie den Missstand nicht sieht oder nicht sehen will. Die Tochter ist damit gleich mehrfach verletzt. Es entsteht ein Doppeltrauma.

Die Mutter übersieht die Not der Tochter oder stellt diese sogar in Abrede oder bagatellisiert die Situation. An das Kind ergeht damit die Botschaft: »Du kannst deinen eigenen Empfindungen nicht trauen. Was du durchmachst, ist nicht einmal für deine Mutter wichtig.« Das hat fatale Folgen. Unbewusst opfert sich die Tochter für das gesamte System. Sie kann die Mutter niemals ersetzen, andererseits kann sie aber auch nicht sie selbst sein und eine eigene Identität entwickeln. Sie führt ein Opferdasein voller Stress und Widersprüche. Leider setzt so ein »Rollentausch« oft Prozesse in Gang, die nur schwer aufzuhalten sind. Was denken Sie, wie groß ist die Gefahr, dass aus dieser Tochter auch einmal eine emotional abwesende Mutter wird? Wundert es Sie, dass Missbrauchserfahrungen von einer Generation an die nächste weitergereicht werden? Sie merken, wie wichtig die konsequente Aufarbeitung solcher Erfahrungen ist. Das Opfer braucht Hilfe!

Missbrauchserfahrungen in Familien betreffen nicht nur Töchter. Stellen Sie sich bitte eine Familie aus Ehemann, Ehefrau, einem Sohn und einer jüngeren Tochter vor. Ist der Vater emotional nicht für die Familie da – unbewusst oder weil er abgelenkt oder abwesend ist –, dann macht er seinen Platz frei. Abwesenheit manifestiert sich besonders auf energetischer Ebene, wenn ein Vater keine Zeit für die Erziehung der Kinder und die Nähe zu seiner Frau hat. Um den Fortbestand der Familie nicht zu gefährden, kann es sein, dass der Sohn meint, er müsse notgedrungen die Rolle des Vaters übernehmen. Die Mutter füllt ihre Rolle nicht mehr gut aus, wenn sie dieses Verhalten akzeptiert, ja sogar mit der Zeit fördert. Schließlich reagiert der Sohn womöglich sogar eifersüchtig auf den Vater, weil er der Mutter den Ehemann ersetzen möchte. Die Mutter mag sich dadurch wiederum geschmeichelt und entlastet fühlen.

Wohlgemerkt, all dies geschieht im Regelfall unbewusst. Ein unreifer Junge übernimmt möglicherweise »Themen« der Vaterrolle und findet deswegen seine eigene Position nicht. Unbewusst opfert sich hier der Sohn für das Familiensystem. Er bleibt allein mit dem verwirrenden Wust an Beziehungen, Begierden, Rivalitäten, Bestrafungs- und Ohnmachtsfantasien sowie Ängsten und Schuldgefühlen. Das ist der Nährboden zum Beispiel von übertriebenem Konkurrenzdenken, hypochondrischen Ängsten, Narzissmus und Größenwahn. Die Saat für eine Neurose ist gesät. Mit dem Verlassen und Vertauschen von Rollen kommt es zu unguten Folgereaktionen. Wann immer jemand seine Position verlässt oder nicht ausfüllt, entsteht eine Stelle im Familiensystem, die nicht mehr besetzt ist. Das kann zur Folge haben, dass andere Familienmitglieder möglicherweise ebenfalls ihre Plätze verlassen und »aufrücken«. Es kommt zu mehrfachen Falschpositionen. Wer auf einer solchen »Falschposition« parkt, erlebt negative Auswirkungen und steht nicht stabil im Leben.

WAS HÄNSCHEN NICHT LERNEN DURFTE …

»Was Hänschen nicht lernte, lernt Hans immer mehr.«
(ABGEWANDELTE DEUTSCHE SPRUCHWEISHEIT)

Nehmen wir einmal an, Ihre Startbedingungen waren nicht die besten. Schwangerschaft, Geburt, die frühe Beziehung mit der Mutter, das Elternhaus, einiges oder alles war mehr oder weniger problematisch. Sind Sie deswegen dazu verurteilt, ein weniger erfülltes Leben zu führen? Denken Sie, dass Sie die erlebten Defizite nie mehr aufholen können?

Bloß nicht!

Ein Mensch, der als Säugling monatelang auf der Intensivstation lag, muss deshalb später nicht beziehungsgeschädigt sein. Wer in der frühen Kindheit Verluste zu erleiden hatte, kann trotzdem Vertrauen in sich selbst und andere entwickeln.

Außer der Mutter-Kind-Beziehung gibt es noch eine ganze Reihe anderer Beziehungserfahrungen, die im Laufe der Kindheit und Jugendzeit positiv belegt sein können.

Ein weiterer überraschender Schutzfaktor wurde unlängst identifiziert: das Aufwachsen mit einem engen Geschwisterkind!

Frühe negative Bindungserfahrungen mit der Mutter müssen kein Schicksal sein. Sie bringen das Kind zwar erst mal auf einen Weg mit Hindernissen und Schlaglöchern, aber es gibt jede Menge Abzweigungen. Mit jeder Abzweigung, jedem neuen Lebensabschnitt kann der Nachklang dieser Form von Bindungserfahrungen gedämpft werden.

Um das große Potenzial an körpereigenen Reparaturmechanismen zu erfassen, hilft es, einen näheren Blick auf unsere Steuerungseinheit im Kopf zu werfen.

STARKE GEFÜHLE UND UNSER GEHIRN

Unser Gehirn ist erstaunlich effizient. Nicht zuletzt deswegen, weil es unentwegt einen ganzen Wust an Informationen filtert und Nützliches von Unwichtigem trennt. Es arbeitet viel komplexer als ein Computer, der Informationen einfach nur abspeichert, abruft, exakt repliziert, und irgendwann ist dann die Festplatte voll. Von all den vielen tagtäglichen Erlebnissen bleiben uns nur erstaunlich wenige konkret im Gedächtnis. Warum erinnern wir uns an vermeintlich unwichtige Begebenheiten, während uns scheinbar viel wichtigere Ereignisse entfallen sind? Ein Filter, der Erinnerungen konserviert, ist das Gefühl.

Erinnern und Fühlen hängen eng zusammen. Gefühle stellen so etwas wie die »Eingangstür« zu unseren Erinnerungen dar.

Der Neurowissenschaftler und Weltmeister im Gedächtnissport, Boris Nikolai Konrad, bestätigt, dass alles, was nicht mit einem Gefühl verbunden sei, vom Gehirn zwar in ein Schema eingeteilt werde, die einzelne Erinnerung gehe dabei aber verloren. Alles hingegen, was mit einem starken Gefühl verbunden sei, wie Glück, Trauer oder auch Peinlichkeit, bleibe eher haften.

Haus im Kopf

Stellen Sie sich Ihr Gehirn doch einmal wie ein Haus vor. Ganz unten ist der Keller. Er wurde zuerst gebaut. Dort sind die uralten Verhaltensmuster untergebracht: unsere Instinkte und Triebe. Darüber liegt das Erdgeschoss. Dort befinden sich die

Gefühle und das Gedächtnis. Das Obergeschoss wurde zum Schluss ausgebaut. Dort ruht das Denkvermögen – das bei Ihnen hoffentlich so oft wie möglich aktiviert wird – und von dort aus werden auch bewusste Entscheidungen getroffen.

Wie Sie sehen, hat jede Etage ihre Besonderheiten. Ein Stockwerk ist die Grundlage für das nächste.

Das Haus hat auch einen Lift. Das ist das Nervensystem. Darin werden Informationen transportiert, dieser Lift verbindet die einzelnen Stockwerke. Nun kommt also eine Information unten im Keller an, steigt in den Aufzug und bleibt blöderweise dort oder im Erdgeschoss stecken. Dem Denkvermögen, also der Vernunft, ist die Information damit leider nicht zugänglich, obwohl sie sich im Haus befindet. In diesem Fall übernehmen die Gefühle oder die Triebe das Kommando darüber, was mit der Information gemacht wird. Dann »hat das Herz seine Gründe, die der Verstand nicht kennt«, oder der Mensch denkt womöglich »mit dem … (was er unter der Hose trägt)«.

Was hat nun einen Einfluss darauf, ob, wo und warum und wie lange »der Lift« im Haus stecken bleibt?

Ist zum Beispiel im Keller ein Trieb zu groß, wenn der Mensch beispielsweise Hunger hat, eine Panikattacke erlebt oder verliebt ist, dann kommt ganz oben weniger oder schlimmstenfalls gar nichts mehr an.

Sie haben das sicher schon oft bei sich beobachtet: Was Spaß macht, begreifen Sie viel schneller.

Informationen, die das Erdgeschoss erreichen, werden, wenn sie starke Gefühle auslösen, als Kopie dort eingelagert. Sie werden auch unterschieden, ob sie angenehme oder unangenehme Emotionen verursachen. Die Informationen, die man angenehm empfindet, werden bevorzugt abgefertigt. Sie sind First-Class-Passagiere im Lift.

Informationen, die unangenehme, schmerzliche Gefühle auslösen, müssen etwas länger warten. Manchmal werden sie auch ignoriert oder wie unliebsame Asylanten hin und her geschoben. Keiner will sie haben, aber sie sind nun einmal da. Sie werden irgendwo geparkt, aber tauchen ständig wieder auf.

Während der ersten drei bis vier Lebensjahre bewegt sich das Kind überwiegend im Keller und Erdgeschoss seines Gehirns, das Obergeschoss ist noch Baustelle. Eine Information von außen kann es noch nicht bewerten, vergleichen oder relativieren. Emotionen sind im Augenblick des Empfindens übermächtig. Das Kind wird geradezu davon überwältigt. Es kennt zum Beispiel noch nicht verschiedene Abstufungen von Angst, sondern nur die eine riesige, alles umfassende Angst. In diesem Moment hat der kleine Mensch nicht nur Angst, er *ist* Angst. Ein Kleinkind, das sich bedroht oder geängstigt fühlt, kann in diesem Moment nicht lernen, weil ankommende Informationen im Keller oder Erdgeschoss gefangen sind. Eilt nun die Mutter oder eine andere vertraute Person herbei und tröstet, wird in diesem Moment der Lift flottgemacht und ins Obergeschoss investiert. Es hat gerade eine positive Beziehungserfahrung gemacht. Eine solche Erfahrung wird das künftige Verhalten des Kindes beeinflussen.

Sicherheit und positive Erfahrungen sorgen für einen raschen und reibungslosen Baufortschritt der Oberstübchen.

Stellen Sie sich nun bitte ein Hänschen vor, das nicht die Aufmerksamkeit bekam, die es gebraucht hätte, und nicht so viele positive Gefühlserfahrungen machen durfte. Vielleicht wurde es für Gefühle von Angst oder Verletzlichkeit auch noch ausgelacht oder ignoriert. Hänschen hat dies so schmerzhaft empfunden, dass seine »Lösung« darin bestand, die Empfindungsfähigkeit für diese Gefühle zu unterdrücken. Jetzt geistern durch Hänschens Keller und sein Erdgeschoss eine Menge betäubte Heimatlose mit von Angst besetzten Erfahrungen und Erinnerungen. Und weil ihnen die Durchreise zum Verstand verwehrt wird, blockieren sie ihn ab und zu.

Lernt der erwachsene Hans nun nimmermehr, was er versäumt hat? Nein und noch mal nein!

Hans hat gegenüber dem Hänschen einen entscheidenden Vorteil: Er verfügt über sein komplettes Hirn, also das ganze Haus mit allen Etagen, inklusive der obersten, die erst im Erwachsenenalter fertiggestellt worden ist. Er kann damit:

- unbearbeitete Asylverfahren wiederaufnehmen lassen
- negative Beziehungserfahrungen mit neuen und positiven überschreiben
- oder den Lift flottmachen, das heißt, Blockaden auflösen.

Wie geht denn so was?

Einer der wichtigsten Heilungsfaktoren ist die emotionale Erinnerung. Es reicht nicht aus, sich zu erinnern, was geschehen ist. Unentbehrlicher Bestandteil einer erfolgreichen Therapie ist es, sich daran zu erinnern, wie sich etwas angefühlt hat.

Überlegen Sie mal, an was Sie sich aus Ihrer Kindheit erinnern können. Welches Gefühl verknüpfen Sie mit der Erinnerung? Gefühle sind der Grund, warum Sie diese Begebenheit überhaupt noch heute abrufen können. Irgendetwas daran muss für Sie wichtig gewesen sein. War es ein angenehmes oder unangenehmes Gefühl?

Wie oft haben Sie sich an dieses Erlebnis schon erinnert? Jedes Mal, wenn wir eine Erinnerung abrufen, dann wird sie verändert und neu interpretiert. Wenn wir zum Beispiel Hintergründe erfahren, dann entstehen neue Verknüpfungen.

WEGGESCHICKT: EINE GESCHICHTE

Eine Patientin erinnerte sich sehr schmerzlich, wie sie geweint hatte, als ihre Mutter sie als kleines Kind vorübergehend in einem Kinderheim abgab. Der Geruch des gebohnerten Bodens und die schwarz-weiß gekleideten Nonnen sind ihr lebhaft im Gedächtnis geblieben. Lange Zeit war sie deswegen auch sehr wütend auf ihre Mutter. Als Teenager erfuhr sie, dass ihr Vater die Mutter verlassen hatte und sie sich gezwungen sah, das Kind in Pflege zu geben. Als die Tochter erwachsen war und vor der Entscheidung stand, ein Baby abzutreiben oder es zu behalten, offenbarte ihr die Mutter, dass sie selbst auch einmal ungewollt schwanger gewesen war. Nach ihrer Scheidung hatte sie sich in eine kurze Affäre gestürzt, wurde schwanger und ließ das Kind abtreiben. Der Schwangerschaftsabbruch führte zu Komplikationen. Die Mutter schämte sich dafür und wagte nicht, Hilfe von der Verwandtschaft einzuholen. Also gab sie ihre Tochter ab ins Waisenhaus, damit niemand von ihrem Handeln erfuhr. Sie hatte noch nie mit jemandem darüber zu reden gewagt. Mit den neuen Informationen veränderte sich jetzt die Erinnerung der Patientin an die Zeit im Kinderheim. Die Trauer über das Verlassensein blieb, aber die Wut auf die Mutter verschwand schließlich. Sie gab der Mutter deren Schuld zurück und war befreit, als sie diese Last los war.

Es gelang der Patientin, sich mit diesem Teil ihrer Vergangenheit auszusöhnen.

Die stärkste Macht haben die Gedanken, die uns gar nicht so bewusst sind. Denen stehen wir auch viel hilfloser gegenüber. Beeinflussen können wir sie dann, wenn wir sie aus dem Keller übers Erdgeschoss in unser Bewusstsein holen.

WAS IST IHR THEMA?

»Auf die Dauer der Zeit nimmt die Seele die Farben der Gedanken an.«

MARC AUREL (RÖMISCHER KAISER UND PHILOSOPH)

Läuft in Ihrem Unterbewusstsein ein Drehbuch, ein Lebensplan oder ein Programm ab, das Sie immer wieder abspulen? Muster, die sich ständig wiederholen? Erleben scheinbar nur Sie ständig Gemeinheiten und Ungerechtigkeiten? Fühlen Sie sich regelmäßig ausgebremst und müssen von vorn anfangen? Müssen Sie um alles kämpfen?

Je nachdem, welche Erfahrungen gemacht werden, entwickeln bereits Kinder Strategien, um damit umgehen zu können. Diese können sich in einen Autopiloten verwandeln, der unbewusst das spätere Verhalten als Erwachsene steuert, wann immer es brenzlig wird. Wann erlebten Sie in Ihrer Kindheit Schmerzen oder Angst?

VERLUSTANGST SCHAFFT KONTROLLSUCHT

Ein Patient stellte sich mit Blutdruckschwankungen vor. Meist war dieser seinem Alter entsprechend unauffällig. In bestimmten Situationen schnellte er allerdings in besorgniserregende Höhen. Der Mann wollte aber blutdrucksenkende Medikamente vermeiden, da er die Nebenwirkungen fürchtete.

Mir fiel auf, dass er sehr misstrauisch war. Er war ein erfolgreicher Unternehmer und lebte in einer, laut eigenem Bekunden, stabilen Beziehung in dritter Ehe. Seine Frau beklagte sich allerdings, dass er sie mit seiner Eifersucht nerve. Eine Langzeitblutdruckmessung zeigte einen Zusammenhang zwischen seinen Eifersuchtsanfällen und Bluthochdruckkrisen. Es stellte sich heraus, dass er als Kleinkind wechselnde Bezugspersonen zu verkraften hatte. Seine Mutter zog in eine andere Stadt, als er noch Säugling war, und verschiedene Kindermädchen kümmerten sich um ihn. Um damit fertigzuwerden, entwickelte er sich zum Kontrollfreak, in dem Versuch, sich vor weiteren Enttäuschungen und Schmerzen zu schützen. Sein Thema bestand ganz offensichtlich in der Angst, verlassen zu werden. Seine Vermeidungsstrategien führten leider aber gerade dazu, diese Angst immer wieder neu zu bedienen.

Bei meiner Arbeit begegne ich immer wieder Menschen mit einem Seelenthema. Es kann sein, dass sie sich erfolgreich allein damit auseinandersetzen. Keineswegs ist ein Thema automatisch mit einem seelischen oder körperlichen Leiden verbunden. Es muss nicht, kann aber einen Bezug zur Mutter haben.

DIE ROLLE DER MUTTER

Nicht nur die Plazenta in der Schwangerschaft ist eine Schnittmenge kindlicher und mütterlicher Anteile. Eine Mutter überträgt in dieser Zeit auch unbewusst eigene unverarbeitete Themen in das Mentalfeld ihres Kindes und erleichtert sich damit. Das hört sich bedenklich an und genau das ist es auch. Die Mutter entlastet sich, indem sie das Kind beschwert. Das Kind – besonders das Erstgeborene – trägt die Inhalte der mütterlichen Themen. Das entspricht im Übrigen einem natürlichen Prinzip: Die Frau entgiftet auch auf der stofflichen Ebene – zum Beispiel Schwermetalle – über das Kind. Amalgam darf deswegen nicht mehr für Zahnfüllungen von Schwangeren verwendet werden. Geteiltes Leid ist halbes Leid, geteilte Freude doppelte Freude. Bestenfalls ist die Mutter eine völlig freie, in sich ruhende Frau aus einem konfliktfreien Umfeld und Hintergrund, also ein Mensch, der einem so oft begegnet wie einem Briefmarkensammler eine Blaue Mauritius …

Ist die Mutter hingegen eine »ganz normale Frau«, dann hat sie Gefühle wie Schmerz, Trauer, Angst, Wut und Schuld mit etwas Glück an sich genommen und ihre Gefühlsknoten selbst gelöst beziehungsweise an jene Menschen weitergegeben, die es angeht, also bestimmt nicht an ihr unschuldiges Kind.

Angenommen aber, es hat Sie erwischt und Sie haben sich eines oder mehrere Themen eingefangen. Was tun?

Die eigenen Themen angehen

Unerledigtes bleibt so lange liegen, bis es entlarvt und transformiert oder zurückgegeben wird, weil sich schlechte Energien und Erinnerungen nun einmal nicht in Luft auflösen. Anderenfalls schleppen Sie eine Last ein Leben lang und geben sie womöglich auch wieder an die nächste Generation weiter.

Überlegen Sie mal: Gab es Gefühle in Ihrer Kindheit, die Sie als bedrohlich oder gar unerträglich empfanden, die Sie vielleicht sogar abspalten mussten, um sie zu ertragen? Es kann dann sein, dass solche Empfindungen später nicht mehr oder nur mehr bedingt zur Verfügung stehen. Das ist problematisch, denn die Fähigkeit, Trauer oder Verletzlichkeit zu spüren, gehört zu einem »normalen Gefühlshaushalt«. Menschen, denen diese Fähigkeit abhandengekommen ist, leiden darunter, weil sie spüren, dass ihnen etwas fehlt.

Durchforsten Sie Ihre Lebens- und Ahnengeschichte, um Ihrem Thema auf die Spur zu kommen.

FRAGEN FÜR SIE

- ◇ Konnten Sie Ihre Mutter schon befragen, was sie über die Schwangerschaft mit Ihnen noch weiß und über die Umstände Ihrer Geburt?
- ◇ Gab es Fehlgeburten, Abtreibungen, Geschwister, die tot geboren wurden oder früh starben?
- ◇ Haben Sie Halbgeschwister, ist es möglich, dass Sie welche haben, von denen Sie nichts wissen?
- ◇ Haben die Eltern, Geschwister in der Kindheit oder Jugend verloren?
- ◇ Haben sich Ihre Eltern geliebt?
- ◇ Hatten Vater oder Mutter vor oder während der Ehe wichtige andere Partner?
- ◇ Gab es bei den Großeltern solche wichtigen anderen Partner und eventuell Kinder aus diesen Beziehungen?
- ◇ Gab es in Ihrer Familie Schicksale wie Behinderung, Adoption, schwere Krankheiten, Tod einer Frau im Kindbett, Suizid oder Verbrechen? Oder Erfahrungen im Krieg, Gefangenschaft, Verfolgung, Vertreibung?
- ◇ Was geht in Ihnen vor, wenn Sie Fotos von sich ansehen aus einer Zeit, in der Sie Kind waren? Was lesen Sie in Ihrem Gesicht? Spüren Sie in sich hinein, in welchen Situationen Sie sich wohlgefühlt haben und warum. Wann genau haben Sie sich nicht gut gefühlt, können Sie das Gefühl heute nachvollziehen?
- ◇ Was kann Ihnen noch helfen, Ihrem Thema auf die Spur zu kommen?

Die Sprache seines Körpers verstehen

Mitunter sind es, wie das Beispiel des Unternehmers auf Seite 198f. zeigt, chronische körperliche Beschwerden, die uns Hinweise geben – wohlgemerkt, es können Hinweise sein, machen Sie kein Dogma daraus:

- ◇ Die Haut als begrenzendes Organ schützt uns, grenzt das Ich von der Außenwelt ab. Was geht Ihnen unter die Haut?
- ◇ Der Magen verdaut, und zwar auf recht aggressive Weise, durch Salzsäure. Was liegt Ihnen schwer im Magen?
- ◇ Die Schilddrüse ordnet unseren Stoffwechsel. Was stört Ihre innere Ordnung?
- ◇ Das Herz ist der Taktgeber. Was hat Sie aus dem Rhythmus gebracht?
- ◇ Die Gebärmutter ist ein Muskel, der sich zusammenzieht, beim Orgasmus, bei der Menstruation, beim Gebären. Was stört diese zutiefst weibliche Reaktion?
- ◇ Die Prostata produziert die Nährlösung für die Spermien und die Prostatamuskeln sind ein »Ventil« für die Erektionsfähigkeit. Was halten Sie zurück? Was hält Sie zurück?
- ◇ Der Darm beinhaltet unser Immunsystem, unsere körpereigene Abwehr. Was lässt Sie bei einer Verstopfung nicht los? Wen lassen Sie nicht los?

»Meine Prostata, mein Magen, meine Haut machen mir Probleme.« Das hört sich so an, als wären diese Organe selbstständig aktiv. Dem ist aber nicht so, denn ein beeinträchtigtes Organ ist nichts anderes als der sicht- oder spürbare Ausdruck der spirituellen, gefühlsmäßigen und körperlichen Verfassung des Menschen. Das Organ spricht zu einem. Es geht darum, seine Sprache zu verstehen und die dahinterliegende Botschaft zu entschlüsseln. In etwa so:

- Was hat den Magen beeindruckt?
- Welchen Eindruck haben Sie, was bedrückt Sie?
- Was ist deswegen womöglich schon länger gespeichert?
- Gibt es eine Geschichte dazu, etwas, das jetzt einen Ausdruck sucht?
- Wie ist der Ausdruck: Schmerzen, Brennen, Drücken?
- Was fühlen Sie dabei? Übelkeit, Ekel, Hilflosigkeit? Wut?

Durch die Fokussierung auf Ihre Körperwahrnehmung können Sie sich zum Beispiel in bestimmten Momenten einer flachen Atmung bewusster werden, die sie nicht so gut mit Sauerstoff versorgt. Oder Sie bemerken Verspannungen im Körper, die Sie vorher so nicht beachtet hatten. In chronischen Verspannungen oder Schmerzen wird häufig die körperliche Energie, die Gefühlen zugrunde liegt, unterdrückt und quasi »eingefroren«.

Anstatt Symptome stummschalten zu wollen, richten Sie die Aufmerksamkeit auf sich und erfassen Sie den dahinterstehenden Mangel und damit verbundene Empfindungen. Sie sind Ihrem Thema auf der Fährte.

Hören, sehen und fühlen Sie, wo sich innerer Widerstand zeigt, denn genau da stimmt etwas nicht.

Je besser Sie verstehen, was in Ihnen als Dauerthema wirksam ist und was dieses Thema wann geprägt hat, desto tiefer und umfassender ist Ihr Zugang zu Ihren Persönlichkeitsanteilen. Sie werden sich selbst vertraut. Sie bekommen dann auch eine Idee, was zu Ihnen gehört. Und Sie lernen, was Ihnen als Kind »aufgepfropft« wurde, damals, als Sie nicht fähig waren zu beurteilen, ob Sie diesen Anteil überhaupt möchten.

- Haben Sie zum Beispiel eine Religion geerbt, die gar nicht Ihrem Glauben entspricht?
- Haben Sie einen Beruf gewählt, der nicht zu Ihnen passt?

◇ Wurden Sie in Beziehungen gedrängt, die Sie nicht wirklich mochten?

Diese aufgepfropften Anteile scheinen uns zwar vertraut, aber wir konnten sie nie so richtig in uns integrieren und sie fühlen sich mit den Jahren nicht besser, sondern eher schlechter an. Solange wir diese Seelenanteile nicht anschauen und eine bewusste eigene Entscheidung treffen hinsichtlich ihres Verbleibs, leben wir womöglich fremdbestimmt im eigenen Seelenhaus.

Den Blick nach innen richten, Schmerz nachempfinden ist auf den ersten Blick nicht gerade eine reizvolle Freizeitbeschäftigung. Überlegen Sie aber bitte, wie oft Sie sich mit dem Schmerz anderer Menschen befassen: im Familien- und Freundeskreis, ja selbst mit dem von Serienhelden oder Romanfiguren. Sie sollen sich nicht im eigenen Schmerz suhlen. Sich eines Schmerzes gewahr zu werden, ist nur ein Sprungbrett, um ihn loszuwerden. Sie sind der Regisseur und Drehbuchautor Ihres Lebens. Werden Sie gestalterisch aktiv in Richtung Happy (ohne) End.

GLAUBENSSÄTZE, DIE HEIMLICHEN DIRIGENTEN

Gedanken über die eigene Person wiederholen wir meistens unbewusst immer wieder. Zum Beispiel könnte so ein Glaubenssatz lauten: »Ich habe einen tollen Orientierungssinn.« Vielleicht haben Sie als Knirps die Mutter überrascht, als Sie mal einen Weg allein zurückgefunden haben. Ab dann haftete Ihnen auf diesem Gebiet ein positives Image an. Glaubenssätze schaffen innere Überzeugungen, nach denen wir fühlen und nach denen wir handeln, und zwar unbewusst. Sie werden mit der Zeit immer wahrer, weil Sie sich, um beim Beispiel »Orientierung« zu bleiben, auf das Positive konzentrieren. Angenommen, Sie haben sich gerade heute verlaufen. Bei Ihnen wird sich aufsteigende Angst gar nicht erst breitmachen können. Informationen, die Sie über die Umgebung aufnehmen, werden nicht durch Angst blockiert, sondern Ihr positiver Glaubenssatz lässt jeden Anhaltspunkt der Umgebung, wo Sie sich gerade befinden, ungehindert in den Neuronenlift steigen, damit der Verstand die Infos zusammenfügen kann und Sie wieder Ihren Weg finden. Nun stellen Sie sich bitte mal vor, Ihnen wurde von klein auf vermittelt: »Du hast keinerlei Orientierungssinn.« Spielen Sie das genannte Beispiel in Gedanken durch. Sie dürfen dreimal raten, wer eher den Weg findet. Unschwer ist auch zu erraten, wer Angst hat und wer nicht.

Glaubenssätze beinhalten mitunter geradezu grauenhafte Inhalte. Einer der schrecklichsten ist der Irrglaube: »Ich bin nicht liebenswert.«

Ist Ihnen aufgefallen, welchen immensen Einfluss positive oder negative Glaubenssätze auf uns haben? Es wird Zeit, die eigenen negativen Glaubenssätze zu entlarven.

Im Grunde befindet sich jeder Mensch in einer Art Trance, die vom Unbewussten gesteuert und so lange aufrechterhalten wird, bis die inneren Überzeugungen erkannt, überprüft und mit der Wirklichkeit im Jetzt auf ihre Richtigkeit und ihre Sinnhaftigkeit abgeglichen werden. Und jetzt kommt wieder der Hans ins Spiel. Er kann das! Und wenn er das allein nicht schafft, dann muss er nicht hilflos in seinem Bett weinen, sondern er kann sich Hilfe holen. So beginnt Heilung.

UND TSCHÜSS, SELBSTSABOTAGE!

Gehen Sie einmal die nachfolgenden Beispiele der Selbstsabotage für sich durch. Womöglich klingelt etwas bei Ihnen. Die Bearbeitung der Themen erfolgt dabei auf die Schnelle, also im

Instantverfahren, beispielhaft, unvollständig und stellvertretend für viele andere mögliche Konstellationen. Aber das Muster ist immer das gleiche:

- ◇ die fatale Überzeugung
- ◇ die irreführende Strategie
- ◇ das beklagenswerte Ergebnis beziehungsweise die sich selbst erfüllende Prophezeiung
- ◇ der neue befreiende Leitsatz

Tun Sie sich keinen Zwang an, wenn Sie die auf den nächsten beiden Seiten folgenden Beispiele erweitern möchten, um Ihre Situation zu berücksichtigen. Spielen wir ein paar Muster der Selbstsabotage und ihre Lösung durch einen befreienden Leitsatz (ich nenne ihn »Befreiungsmantra«) durch:

Weg mit der alten Überzeugung

So kann eine beispielhafte Auflösung eines Musters der Selbstsabotage aussehen:

- ◇ *Meine Überzeugung*: Ich bin fremd, ich bin unerwünscht, ich störe, ich bin eine Belastung.
- ◇ *Meine Strategie*: Ich muss mir die Berechtigung für meine Existenz verdienen. Ich helfe überall und muss es allen recht machen.
- ◇ *Das Ergebnis*: Ich opfere mich auf und gehe dabei vor die Hunde.
- ◇ *Mein Befreiungsmantra*: Ich bin willkommen und ich habe meinen Platz.

- *Meine Überzeugung*: Ich bin hässlich.
- *Meine Strategie*: Dann ist es egal, dass ich fett und ungepflegt bin.
- *Das Ergebnis*: Ich bin unglücklich, weil ich so aussehe.
- *Mein Befreiungsmantra*: Ich sorge gut für mich und bin wunderbar, so wie ich bin.

- *Meine Überzeugung*: Ich bin nichts wert.
- *Meine Strategie:* Jemand wie ich muss sich gar nicht erst anstrengen.
- *Das Ergebnis:* Ich verkaufe mich unter Wert und verachte mich.
- *Mein Befreiungsmantra*: Ich bin einzigartig und wertvoll.

- *Meine Überzeugung:* Ich bin dumm.
- *Meine Strategie:* Ich halte mich an die, die schlauer sind und es besser wissen.
- *Das Ergebnis:* Ich werde ausgenutzt und übervorteilt.
- *Mein Befreiungsmantra:* Ich weiß, was ich kann.

- *Meine Überzeugung:* Ich bin verlassen und betrogen.
- *Meine Strategie:* Ich muss überwachen und kontrollieren.
- *Das Ergebnis:* Ich werde gefürchtet und bin allein.
- *Mein Befreiungsmantra*: Ich vertraue.

- *Meine Überzeugung*: Ich schäme mich.
- *Meine Strategie*: Ich verstecke mich und versuche nicht aufzufallen, damit niemand meine Makel sieht.
- *Das Ergebnis*: Ich werde ignoriert und beneide die anderen.
- *Mein Befreiungsmantra*: Ich stehe zu mir.

- ◇ *Meine Überzeugung*: Ich habe Angst.
- ◇ *Meine Strategie*: Ich vermeide Veränderungen und Risiken.
- ◇ *Das Ergebnis*: Ich bin gehemmt, gelangweilt und frustriert.
- ◇ *Mein Befreiungsmantra*: Ich wage und gewinne.

- ◇ *Meine Überzeugung:* Ich bin unterdrückt und abhängig.
- ◇ *Meine Strategie:* Ich muss selbst dominieren und mich wehren und aggressiv sein.
- ◇ *Das Ergebnis:* Die Menschen um mich sind meine Feinde.
- ◇ *Mein Befreiungsmantra*: Ich bin frei und selbstbestimmt.

- ◇ *Meine Überzeugung:* Ich bin traurig und leidend.
- ◇ *Meine Strategie:* Ich muss traurig bleiben, damit andere, die auch traurig sind, damit besser zurechtkommen.
- ◇ *Das Ergebnis*: Das Elend wird immer größer.
- ◇ *Mein Befreiungsmantra*: Ich darf glücklich sein.

Sind Sie Ihrem Thema näher gekommen? Gibt es eine Angst, die einfach da ist, gab es eine Verletzung, an deren Folgen Sie noch immer leiden? Das Thema ist eine Seite von Ihnen. Diese Seite ausschließen zu wollen, liegt nahe, kostet jedoch unsinnig viel Kraft und ist letztlich ohnehin vergeblich.

Fatale Überzeugungen, die wir seit vielen Jahren herumschleppen, sind wie lästige Parasiten. Sie hocken uns im Pelz, wir haben uns sogar an sie gewöhnt, aber sie schwächen uns. Sie hindern und begrenzen uns, bremsen aus und halten uns klein. Sie lähmen uns und sorgen dafür, dass wir es uns lieber bequem machen, als einen neuen Schritt zu wagen.

Machen Sie eine Parasitenkur und werden Sie die Themenviecher endlich los! Im biologischen Gartenbau wird auf Gifte verzichtet. Der Einsatz von

Negative Glaubenssätze rauben uns auch Mut, Zuversicht und den Willen, Neues zu entdecken.

Nützlingen gegen Schädlinge ist die umweltfreundlichste Schädlingsbekämpfung überhaupt. Nützlinge hinterlassen weder schädliche Rückstände auf der Pflanze oder in der Erde, noch sind sie eine Gefährdung für die Umgebung oder den Anwender. Machen Sie es doch wie im Biogarten. Züchten Sie Nützlinge. Entwerfen Sie positive Glaubenssätze und Befreiungsmantras.

NUR MUT, LEBEN SIE LOS!

»Niemand hätte je den Ozean überquert, wenn er die Möglichkeit gehabt hätte, bei Sturm das Schiff zu verlassen.«

CHARLES FRANKLIN KETTERING

(US-AMERIKANISCHER ERFINDER UND PHILOSOPH)

Als Sie auf die Welt gekommen sind, hatten Sie einen unbändigen Hunger nach Zuneigung. Sie haben darum lautstark gekämpft. Was ist in der Zwischenzeit mit Ihnen und Ihrem Bedürfnis nach Zuneigung passiert? Sind Sie noch oder wieder bereit, darum zu kämpfen? Was haben Sie denn für eine Meinung über sich? Wie reagieren Sie zum Beispiel, wenn Ihnen ein Missgeschick passiert oder Sie sich dabei ertappen, etwas Wichtiges vergessen zu haben? Wie nennen Sie sich dann?

Wir kämen nicht auf die Idee, weder mit einem Fremden und erst recht nicht mit einem Menschen, den wir lieben, derart umzuspringen, wie wir es häufig mit uns selbst tun. Und das sind nur die spontanen Reaktionen. Wie sieht es denn aus mit selbstschädigenden Denkmustern? Über Jahrzehnte haben viele Menschen Programme gespeichert und durch ständiges Abspulen nachhaltig verstärkt.

Wir sind mitunter in der Beurteilung uns selbst gegenüber sehr streng und geradezu selbstschädigend.

Wie oft machen Sie sich in Gedanken ein Kompliment? Wann haben Sie sich zuletzt innerlich gelobt? Sie dürsten viel weniger nach der Anerkennung anderer, je öfter und intensiver Sie in einem liebevollen Dialog mit sich sind.

Es wäre schön, negative Gedankenmuster auf Knopfdruck in positive umzuwandeln. Aber solch alte Prägungen können recht langlebig und hartnäckig sein. Das ist nicht weiter erstaunlich, weil unser Gefühl von Kindesbeinen an mit einer selbstschädigenden Überzeugung vertraut sein kann, und das, was wir gut kennen, gibt uns scheinbar Halt.

SIE HABEN DIE WAHL

Stellen Sie sich vor, ich biete Ihnen gerade jetzt zwei Pillen zur Auswahl an. Eine rote und eine blaue. Wenn Sie die blaue Pille schlucken, dann bleiben Sie die nächsten Jahre genau dort, wo Sie zurzeit im Leben stehen, mit Ihren Überzeugungen und Meinungen über sich. Sie glauben weiterhin an das, was Sie schon immer geglaubt haben. Alles bleibt so, wie es ist.

ODER: Sie nehmen die rote Pille. Wenn Sie die nehmen, wird es zunächst unangenehm, Sie werden ab jetzt öfter stolpern, Sie müssen kämpfen und es wird manchmal wehtun. Die durch Ihr Gehirn konstruierte Wirklichkeit wird sich verändern. Sie werden sich ändern, Altes loslassen und neues, unbekanntes Terrain auf Ihrer inneren Landkarte entdecken und erobern. Das hat nicht nur Auswirkungen auf Sie. Auch Ihre Umgebung wird von Ihrer Veränderung betroffen sein. Es ist gut möglich, dass im Zuge dessen soziale Strukturen und Beziehungen umgebaut werden. Für diese Veränderung übernehmen Sie komplett und ganz allein die Verantwortung. Sind Sie dazu bereit?

Mit Autosuggestion und Visualisierung erschaffen Sie neue Glaubenssätze, die Ihr Unterbewusstsein umprogrammieren.

Um ein altes Programm durch einen konstruktiven Glaubenssatz zu ersetzen, braucht es Disziplin, Durchhaltevermögen,

Geduld und es ist Arbeit, mitunter sogar Kampf. Doch je öfter Sie sich einen neuen konstruktiven Glaubenssatz sagen, sobald der ursprüngliche destruktive Gedanke auftaucht, desto stärker ist die Wirkung auf Ihr Gehirn. Der neue Gedanke verstärkt sich durch Wiederholung.

Mit Gefühl und Verstand

Die neue Erkenntnis mit dem damit verbundenen Glaubenssatz muss den alten sprengen, die alte Überzeugung auflösen. Hier ist das Zusammenwirken von Gefühl und Verstand gefragt.

Einerseits muss dazu der neue Glaubenssatz überzeugend genug für den Verstand sein, denn der hilft uns, etwas zu begreifen. Er definiert das Ziel. Andererseits muss der Leidensdruck groß genug sein und die Motivation noch größer. Damit kommt das Gefühl zum Zug. Motivation läuft über unsere Gefühle. Unsere Emotionen hinken mitunter unwillig vergangenen Erlebnissen hinterher. Sie klammern sich noch an die Vergangenheit, nachdem sich unsere Sicht der Dinge weiterentwickelt hat.

Suchen Sie sich zunächst Beweise. Überzeugen Sie sich selbst, dass Veränderung möglich ist. Sie gingen bisher womöglich davon aus, dass nur ein Muskel durch Training und vielleicht auch noch die Leber mit den Aufgaben wächst, aber das Gehirn doch nicht. Doch, tut es!

Sind Motivation und Ziel nicht im Einklang, ist eine innere und äußere Veränderung nur schwer möglich.

Stellen Sie sich vor, Sie wären ein Taschendieb. Wie wäre es, wenn Ihre Hände mit der Zeit nicht nur geschickter, sondern auch die Finger länger würden, damit Sie noch effektiver klauen könnten? Mit diesen Beispielen nähern wir uns dem Begriff der Neuroplastizität. Das ist die Fähigkeit des Nervensystems, Struktur und Funktionen an sich ändernde Umweltbedingungen anzupassen. Wir können ein Leben lang lernen!

Wissenschaftler wollten im Rahmen einer Studie beobachten, ob und welche Veränderungen im Gehirn ablaufen, wenn die Teilnehmer Klavierspielen übten. Die Probanden lernten und übten eine bestimmte Sequenz eines Klavierstücks fünf Tage lang für zwei Stunden. Schon nach dieser kurzen Zeit stellten die Forscher eine bemerkenswerte Erweiterung und Entwicklung neuronaler Netzwerke im Gehirn fest.

Je nachdem, was und wie oft Sie von Ihrem Hirn etwas fordern, reagiert es also. Es lernt und baut sich dafür sogar um.

Wenn einem Gehirn nach ein paar Tagen Klavierspielen solche Veränderungen gelingen, warum sollte es Ihnen nicht möglich sein, alte Denkpfade zu verlassen und neue zu beschreiten?

Bleiben wir noch kurz bei dem Klavierexperiment, denn es kommt noch besser. Eine Vergleichsgruppe saß bei den Musizierenden dabei und sah ihnen beim Spielen zu. Sie sollten auch üben, aber nur im Kopf – eine Trockenübung in ihrer Vorstellung ausführen. Was die Forscher nun am Ende des Experiments in helles Erstaunen versetzte, war die Beobachtung, dass die Gehirne der Teilnehmer der Vergleichsgruppe sich nahezu identisch verändert hatten, allein durch ihre Vorstellungskraft.

Jetzt fragen Sie sich natürlich, was veranlasst Menschen dazu, sich täglich zwei Stunden Klaviertrockenübungen vorzustellen? Keine Ahnung, was die Forscher den Probanden angeboten haben. Es muss motivierend genug gewesen sein.

Ein Gehirn lernt vor allem dann effizient und willig, solange es Vorteile erwarten kann. Es will eine Belohnung für die Lernerfahrung erhalten.

Den Anreiz, etwas Neues oder überhaupt etwas lernen zu wollen, erzeugen Sie nicht durch Leistungsdruck und das Schüren von Angst – auch nicht durch Bestrafungen oder Drohen. Zugegebenermaßen motivieren uns nicht immer nur edle Antriebe. Macht, Ruhm und Geld sind ebenso wie Neid und Sexualität Triebfedern menschlichen Wollens. Spitzenreiter ist und bleibt aber das elementare Bedürfnis, geliebt zu werden. Zu Beginn von der Mutter, später geht es um die Anerkennung von Einzelpersonen oder einer Gruppe, seien es die Familie, die Kollegen oder von wem auch immer. Und wenn Sie genau hinsehen, dann steckt auch hinter dem Streben nach Macht, Ruhm und Geld und Sexualität immer und immer wieder das Urbedürfnis und die Urmotivation: Habt mich bitte lieb. Eine Aufforderung nicht nur an andere, sondern auch an uns selbst. Der Verlust dieser Form von Anerkennung ist das Schlimmste, das uns widerfahren kann. Eine solche Art der Ablehnung führt zu Ängsten, Wut und Depression bis hin zu Selbsttötungsgedanken.

Spuren Sie neue Wege für sich

Lassen Sie sich einladen, ermutigen und inspirieren, sich noch einmal als Entdecker und Gestalter, als Forscher und Tüftler auf den Weg zu machen, am besten gemeinsam mit anderen.

Nutzen Sie Ihr vorhandenes Wissen über sich, verknüpfen Sie es mit neuen Erfahrungen und Ihren Vorstellungskräften und schaffen Sie dadurch neue, bessere Realitäten für sich. Sie glauben das, was Sie glauben wollen, und das füttern Sie tagtäglich. Dadurch machen Sie es stärker und mächtiger. Sie erschaffen Ihre persönliche Wahrheit. Ihr Gehirn selektiert unentwegt die Informationen, die Ihren Glauben bestätigen.

Motiviert zu sein bedeutet, neugierig zu sein. Es ist das Gegenteil von Resignation.

Es ist daher absolut wichtig, dass Sie einen neuen Glaubenssatz speziell auf Ihre individuellen Bedürfnisse anpassen, sodass Ihnen dieser neue Glaubenssatz auch wirklich guttut. Hierbei ist es wichtig, das Gefühl dazu im Körper zu erspüren und wahrzunehmen. Wenn Ihnen kein maßgeschneiderter Glaubenssatz einfallen möchte und Sie im Augenblick nicht die Möglichkeit haben, sich anleiten zu lassen, dann nutzen Sie den folgenden immer und grundsätzlich wirksamen Glaubenssatz:

Ich bin absolut großartig und liebenswert.

Beobachten Sie sich dabei, wenn Sie den Satz laut aussprechen, am besten vor einem Spiegel und wiederholen Sie ihn gerne öfter. Sie wissen schon, wegen des Übens und der Neuroplastizität. In meiner Praxisarbeit ist es immer wieder spannend, Menschen dabei zu beobachten, wie sie reagieren, wenn ich darum bitte, diesen Satz auszusprechen. Vom Lachen bis zum Weinen habe ich schon alle Gefühlsregungen beobachtet.

Es liegt an Ihnen, was Sie künftig an sich stärken möchten, welche Glaubenssätze in Ihrem Leben wirken sollen. Erschaffen Sie selbsterfüllende Prophezeiungen. Werden Sie zum Propheten, der Ihnen Liebe, Glück, Freude und Genuss prophezeit.

KLEINER DENKZETTEL

Es kann schon sein, dass Sie trotzdem Phasen durchleben, in denen Sie den Eindruck haben, diese vielen tollen Erkenntnisse und Einsichten, mit denen Sie sich aktuell beschäftigen, heben nicht wirklich Ihre Stimmung.

Wenn das so ist, bitte denken Sie daran:

Der Grund für Ihr Empfinden ist NICHT der, dass Sie ein bisschen gaga, träge, willensschwach oder von Haus aus defekt wären oder weil Sie kaum etwas mit sich anzufangen wüssten. Sie haben Ihre Missstimmung auch keinesfalls durch falsches Denken herbeigerufen oder weil Sie Angst vor Veränderungen haben. Es ist auch nicht Ihre Mutter daran schuld oder ungünstige Erbanlagen. Sie hintertreiben auch nicht unbewusst eine Besserung Ihrer Situation. Und Ihr Zustand ist keine Strafe Gottes oder des Universums für Ihre Missetaten oder die Ihrer Ahnen. Ihr Körper hat Sie nicht im Stich gelassen. Die Symptome oder Gefühle zeugen nicht von einer Rebellion oder dem Verrat des Körpers beziehungsweise der Seele gegen Sie selbst. Ihr Körper würde das niemals tun. Er setzt sich Tag und Nacht für Sie ein, weil er Sie bedingungslos liebt.

Ihr Organismus hat etwas von einer wundervollen fürsorglichen Mutter.

Er glaubt an Sie und sieht Ihnen dabei so vieles nach. Sie dürfen Ihren ganzen Müll bei ihm abladen, er versucht alles zu entgiften, zu verstauen und zu verdauen. Dabei findet er sogar noch so manches Brauchbare. Er schafft regelmäßig den Restmüll raus und während Sie schlafen, räumt er Ihnen hinterher – leider fängt er mitunter an zu sammeln, also übertreiben Sie es nicht damit, alles auf ihn abzuladen.

Sie ignorieren ihn ab und zu, überfordern oder hetzen ihn öfter und nehmen ihn ständig für selbstverständlich. Aber er ist weder beleidigt noch nachtragend deswegen. Auch wenn er ständige Kritik aushalten muss. Denn sie schauen viel zu genau hin, wie er von außen aussieht, und vergessen dabei, dass seine wahren Werte innen liegen und mit jedem Jahr schöner werden. Wenn es ihm nicht so gut geht oder er verletzt wurde, bekommen Sie das oft gar nicht mit. Zunächst versucht er mit allem alleine fertigzuwerden. Gelingt ihm das nicht, sucht er es Ihnen meist ganz verhalten mitzuteilen, so als wolle er nicht stören. Nur wenn es gar nicht mehr anders geht, wird er deutlicher. Dann kann er sogar richtig penetrant werden. Gnade Ihnen Gott, wenn er nicht mehr mag. Tun Sie alles in Ihrer Macht Stehende, um ihn rasch zu besänftigen und zu unterstützen. Holen Sie sich dazu ruhig Hilfe. Aber seien Sie auf der Hut, nicht jeder, der von sich behauptet, er könne helfen, tut Ihrem Körper auch wirklich gut.

Fragen Sie Ihren Körper unbedingt aus, wann immer es Ihnen möglich ist, und hören Sie auch wirklich zu. Er drückt sich manchmal etwas seltsam aus, aber es lohnt sich, achtsam zu sein. Interessieren Sie sich für ihn, er hat Ihnen so viel Spannendes zu berichten. Es ist nur zu Ihrem Vorteil, wenn Sie dafür Sorge tragen, dass es Ihrem Organismus gut geht, denn dann geht es Ihnen gut. Bringen Sie ihn so oft wie möglich zum Lachen, sperren Sie ihn nicht den ganzen Tag lang ein, er mag frische Luft, Sonnenschein und braucht Bewegung. Schon ein wenig Aufmerksamkeit lässt ihn aufblühen. Lassen Sie ihn wissen, dass Sie ihn lieben, Sie können ihm kein schöneres Geschenk machen. Vielleicht fallen Ihnen ja auch Parallelen zu Ihrer Mutter ein.

DIE PERFEKTE WELLE

Sie liegen am Strand und lauschen den Meereswellen. Diese kommen und gehen im ewig gleichen Rhythmus. Sie sind entspannt und lassen los. Ehe Sie es sich versehen, sind Sie weggetreten …

Oder: Ihr Hund oder Ihre Katze liegt auf Ihrem Schoss. Sie spüren den Herzschlag des Tiers und mit jedem Atemzug hebt und senkt sich sein Brustkorb. Das tut Ihnen so gut. Der Stress des Tages fällt von Ihnen ab …

Oder: Sie ziehen sich die Joggingschuhe an und laufen. Nach und nach harmonisiert sich Ihr Gang. Sie finden Ihren eigenen Rhythmus und Ihre Schritte werden immer leichter. Sie spüren die Anstrengung nicht mehr …

Oder: Es ist Zeit, zu Bett zu gehen. Nach der Abendtoilette sinken Sie auf die Matratze. Ein paar Szenen vom Tag gehen Ihnen durch den Kopf. Bei welcher Sequenz Sie exakt eingeschlafen sind, wissen Sie am nächsten Tag meist nicht mehr …

Willkommen im Club der Selbsthypnotiseure.

Die beschriebenen Zustände haben alle etwas gemeinsam: Sie führen in eine Art Trance. Das ist etwas völlig Natürliches, ein Zustand, der variiert und tief oder weniger tief ausgeprägt ist, aber gleichermaßen körperlich und seelisch entspannt. Wie Sie in diesen Zustand gelangen, ist individuell verschieden und es liegt ganz bei Ihnen, das herauszufinden. Er kann durch eine rhythmische Aktivität wie Atmen, Laufen, Trommeln oder Tanzen herbeigeführt werden, aber auch passiv durch Musik oder angenehme Geräusche, Tagträume, Fokussierung, Konzentration, Meditation oder Hypnose.

Unbewusst gelingt Ihnen das mehrmals am Tag.

Sie fahren sich beispielsweise selbst herunter, bevor Sie einschlafen. Sie verrichten eine Tätigkeit, während Ihre Gedanken parallel entschweben. Sie sind ganz im Moment angekommen, die innere Zensur tritt zurück und macht dem Denken in Bildern Platz. Vorstellungen sowie Geträumtes entsprechen in diesem Zustand dem gleichen neuronalen Erregungsmuster wie tatsächlich Erlebtes. Sie erleben vollwertige und nachhaltig verändernde Erfahrungen und Ihr Gehirn speichert diese auch so ab. Weil der innere Kritiker, der rationale Verstand, döst, verankern sich Ideen und Lösungsmöglichkeiten tiefer als ausgedachte logisch konstruierte Überlegungen. Diese müssen im Wachzustand immer zuerst den inneren Hindernisparcours des »Wenn-und-Aber« überwinden, aber in der Entspannungstrance haben Sie freie Fahrt. Sie sind kreativ, emotional und empfänglich.

Neue Erfahrungen einbauen

Wir werden zu dem, was wir sind, durch Verinnerlichung. Wir verinnerlichen Erfahrungen. Und jetzt kommt ein Satz, der von den US-amerikanischen Pionieren der Körperpsychotherapie stammt, Albert Pesso und seiner Frau Diane Boyden. Lassen Sie ihn bitte bei sich wirken: »Jede Form der Heilung braucht neue, verinnerlichbare Erfahrungen.«

Heilungen finden in einer Form von Trance statt. Was wir hier betrachten, ist kein Hokuspokus, sondern Neurowissenschaft.

So wie mittels eines EKGs (Elektrokardiografie) die elektrische Aktivität des Herzens gemessen wird, misst ein EEG (Elektroenzephalogramm) die Aktivität des Gehirns. Abhängig davon, in welchem Zustand sich ein Mensch befindet – zum Beispiel wach, entspannt oder schlafend –, schwingen seine Gehirnwellen in unterschiedlichen Frequenzbändern.

Tagsüber befinden wir uns normalerweise im Beta-Stadium. Die Gehirnwellen haben dabei eine Frequenz von 16–31 Hertz pro Sekunde. Im Beta-Zustand sind wir aufmerksam, aktiv und wachsam. Die Stimmungslage reicht von aktiv ruhig bis hin zu gestresst. Je höher die Frequenz (21–38 Hertz) ist, desto näher sind wir dem Bereich einer »Alarmbereitschaft«.

Je tiefer die Frequenz, desto ruhiger werden wir. Wenn Sie zum Beispiel tief atmen und dabei kurz die Augen schließen, senken Sie wahrscheinlich die Gehirnwellen in einen Bereich von 8–15 Hertz. Das ist der Alpha-Zustand, bei dem Sie entspannt und reflektierend sind. Sobald das Stressniveau verringert ist, können Sie zum Beispiel viel leichter lernen. Alphawellen sind auch die Brücke zwischen Beta- und Theta-Bereich.

Thetawellen definieren den Bereich von 4–7 Hertz. Im Theta-Zustand befinden Sie sich in tiefer Entspannung und sind zugleich äußerst empfänglich und offen. Erinnern Sie sich, als Sie das letzte Mal nach einem anstrengenden Tag unter einer warmen Dusche gestanden sind, das Wasser prasselte angenehm auf Ihre Haut, es hat geduftet und das Rauschen und Plätschern hat Sie eingelullt. Sie waren offen für Sinneseindrücke und dieser Zustand ließ Raum für Gefühle. Kreative Köpfe betonen, dass sie oft unter der Dusche die tollsten Ideen haben.

In der Therapie schätze ich den Theta-Zustand besonders deshalb, weil gemeinsam mit dem Patienten formulierte Bilder als Suggestionen einen Lernprozess unterstützen und helfen, das angestrebte Ziel zu erreichen. Obwohl Sie tiefenentspannt sind, können Sie doch Erfahrungen fühlen und verinnerlichen.

Aus dem Theta-Zustand gleiten Sie vielleicht in den Delta-Bereich, der eine Frequenz von weniger als 4 Hertz hat. In diesem niedrigen Frequenzbereich sind Sie meistens im Tiefschlaf und es werden verstärkt heilende Wachstumshormone ausgeschüttet. Im Delta-Stadium erinnern Sie sich jedoch kaum an etwas, es entspricht dem traumlosen Tiefschlaf.

Gleich noch mal so spannend wird es, wenn wir uns die Gehirnaktivitäten von Kindern anschauen.

In den ersten beiden Lebensjahren findet die Gehirnaktivität von Kindern überwiegend im Delta-Dämmer-Bereich statt und bei Zwei- bis Sechsjährigen hauptsächlich im Theta-Empfänglichkeits-Entspannungs-Bereich. Das bedeutet, dass sich kleine Kinder »zwischen den Welten von Realität und Traum« befinden. Sie sind extrem kreativ und ebenso beeinflussbar. Sie ticken anders, verfügen über eine blühende Fantasie, ein großartiges Vorstellungsvermögen und eine sagenhafte Lernkapazität bei recht beschränkter aktiver Erinnerungsfähigkeit. Ab etwa dem sechsten Lebensjahr entwickeln sich dann auch Frequenzen der bewussten Informationsverarbeitung im Alpha- und Beta-Bereich. Nahezu alles, was Sie als Kind wahrgenommen haben, ist direkt in Ihr Unterbewusstes gelangt. Nach alldem, was Sie bereits wissen, liegt darin ein riesiges Potenzial – vor allem in positiver Hinsicht, aber leider mitunter auch für negative Prägungen und Traumata. Es ist sehr fraglich, ob diese Ihnen heute zur Verfügung stehenden Informationen auch Ihrer Mutter bekannt waren, damals, als Sie klein waren.

Wenn Sie gerne in die Thetawellen abtauchen möchten, um neue verinnerlichbare Erfahrungen zu machen, dann suchen Sie sich einen zertifizierten Hypnosetherapeuten.

Noch etwas: Seien Sie deshalb im Zweifelsfall auch immer nachsichtig mit Kindern: Sie bewegen sich in einem anderen Gehirnfrequenzbereich.

WIRD DIE MUTTER ZUM AUSLAUFMODELL?

»Höhepunkt des Glücks ist es, wenn der Mensch bereit ist, das zu sein, was er ist.«

ERASMUS VON ROTTERDAM (RENAISSANCE-GENIE)

Es gibt so viele schöne Verbindungen, wenn wir das Wort Mutter hören: die Mutterliebe, der Mutterleib, die Muttersprache, die Mutter Erde. Noch immer hat heute das Image des strengen und strafenden Vaters und das der liebenden und nährenden Mutter Gültigkeit.

Zu den patriarchalen – also von Männern dominierten – Gesellschaftssystemen passen eher männliche Attribute wie Kampfgeist, Eroberungslust, Härte und Durchsetzungskraft, Konkurrenzkampf, Krieg, Imperialismus, die Ausbeutung der Natur. All das dient durchaus wissenschaftlichen, technischen, ökonomischen, politischen und religiösen Interessen.

Ist es wirklich erstrebenswert, dass sich Frauen und Mütter einem solchen männlichen Wertesystem anpassen?

Sind weibliche und mütterliche Eigenschaften wie Liebe, Empathie, Nachgiebigkeit, Weichheit, Sanftmut, Güte, Sinnlichkeit, Anpassungsfähigkeit weniger wertvoll, weniger wichtig für die Zukunft der Kinder und den Fortbestand der Menschen? Es wird für Frauen und Mütter immer mehr zu einer Herausforderung, diesen Werten, für deren Bewahrung ihnen naturgemäß eine so wichtige Rolle zugewiesen wurde, Vorrang zu geben. Das Abspalten und Verdrängen empathischer Gefühle kommt den Befürwortern testosterongesteuerter Systeme entgegen. Um zu herrschen, zu dominieren und zu bekriegen, braucht es gerade das knallharte Aussparen von sogenannten weiblichen Empfindungen. Ausübung von systematischer Gewalt funktioniert nur so.

Der übelste Störfaktor dieser Macht-, Zerstörungs- und Kriegsspiele war und ist die »hysterische, wilde, unberechenbare, emotionsgeladene« Frau, die verzweifelte Liebende und die zu allem entschlossene Mutter. Das erklärt auch die oft auf bestimmte Klischees reduzierte Rolle der Frau.

Die Nähe der Frauen zu Kommunikationsfähigkeit, Fortpflanzung, Geburt, Tod und Natur definierte seit Urzeiten unangefochtene, naturgegebene weibliche Kompetenzen. Ihre Fähigkeit, sich auszudrücken, sich fürsorglich auf die Lebensbedürfnisse anderer einzulassen – auf Kinder, Kranke, Alte, Sterbende –, machte eine Frau seit jeher zur Expertin für Sprache, Mediation und Vermittlung, Kräuter- und Heilkunde, für Nahrungsbeschaffung und Bevorratung, zur geschätzten Vertrauensperson für Geburtenregelung und Geburtshilfe, für Krankenpflege, Sterbebegleitung und Trauerkultur.

Stark religiös und ideologisch geprägte Systeme ängstigen sich mit Recht und gutem Grund vor der wilden Frau und unterdrücken teilweise grausamst ihr Potenzial.

Im Lauf der Geschichte sind Frauen bis heute diese Kompetenzen mehr und mehr entzogen und abgesprochen worden. Die Hexenverfolgungen in Europa und später Neuengland sind dafür eines der brutalsten Beispiele seit der frühen Neuzeit. Hier standen Frauen aufgrund besonderer Fähigkeiten im Verdacht, mit dem Teufel im Bunde zu sein. Eine der letzten Hexen, die 1782 im Schweizer Glarus »legal« hingerichtet wurde, war die Magd Anna Göldi. Andere Prozesse vollzogen und vollziehen sich schleichend. Der »gefährliche, sündhafte und unberechenbare« Körper der Frau soll kontrolliert, reglementiert und besser dienstbar gemacht werden. Dabei wird die Frau und Mutter vielfach herabgewürdigt und bevormundet.

War die Geburtshilfe von jeher in weiblicher Hand, so wandelte sich dies im Lauf des 18. Jahrhundert. Sukzessive mischten sich männliche Ärzte in den Prozess der Geburtenregelung, Schwangerschaft und Geburt ein. Die Pathologisierung der schwangeren Frau und des ungeborenen Kindes – das heißt, beide werden als potenziell krankheitsanfällig und daher als behandlungsbedürftig angesehen – vermittelt sehr erfolgreich Ängste. Hausgeburten mit reiner Hebammenbegleitung werden in »zivilisierten« Gesellschaften immer seltener und immer unmöglicher gemacht: Abgesehen von der zunehmenden Reglementierung des Hebammenberufs finden freiberufliche Geburtshelferinnen kaum noch eine bezahlbare Haftpflichtversicherung und können ohne diese nicht mehr arbeiten.

Das Gebären hört auf, eine urweibliche Kernkompetenz zu sein. Viele Frauen trauen es sich auch gar nicht mehr zu, ohne Arzt eine Geburt zu überstehen.

In der medizinischen Begleitung von Frauen erfolgen außerdem noch immer unzählige völlig unnötige Gebärmutterentfernungen, weil viele Ärzte Frauen glauben machen, dass dieses Organ einzig als Brutstätte für ihren Nachwuchs zu gebrauchen sei. Bei Beschwerden wird sie dann eben einfach entnommen. Die anatomische Bezeichnung Hystera für Gebärmutter mit dem Bezug zur Hysterie macht den bis ins 18. Jahrhundert andauernden medizinischen Fehlschluss deutlich, eine untätige Gebärmutter mache Frauen wild, unbändig und überspannt. Was bis heute komplett ausgeblendet wird, ist die Tatsache, dass die Gebärmutter zeitlebens zum Beispiel ein wichtiger Bestandteil für den Halteapparat sowie für das sexuelle Erleben einer Frau bleibt. Bezeichnend ist auch die Ignoranz gegenüber der weiblichen Klitoris und ihre teilweise rituelle Verstümmelung in anderen Kulturkreisen sowie der massive und oft unverantwortliche Eingriff in das weibliche Hormonsystem durch hormonelle Verhütung und Behandlung von Wechseljahresbeschwerden. Die Liste ließe sich endlos fortsetzen.

Damit nicht genug, bemächtigt sich die Wissenschaft der Fortpflanzungskompetenz von Frauen, Muttertieren und Pflanzen. Die Empfängnisregelung beim Menschen wird zunehmend abgegeben an Pharmaunternehmen und Medizin. Für viele Frauen ist das bequem und ihnen ist nicht bewusst, was sie an körperlicher und emotionaler Gesundheit für die scheinbare Bequemlichkeit opfern. Denn jedes künstlich hergestellte Geschlechtshormon hat Nebenwirkungen, wie auf jeder Pillenpackung nachzulesen ist. Dabei würde das Wissen und der bewusste Umgang mit den periodischen Abläufen im eigenen Körper das Selbstbewusstsein der Frau stärken und auch die Selbstverständlichkeit unterstreichen, eine Mitverantwortung beim Sexualpartner einzufordern.

Geht es bei der Manipulation von tierischem und pflanzlichem Leben zum Beispiel darum, Resistenzen gegen Schädlinge und Krankheiten zu steigern, oder um die Optimierung von Produktivität, so haben Eingriffe in menschliches Erbgut und die Reproduktionstechnologie noch viel weitreichendere Folgen. Die Frau wird zur Lieferantin von Rohmaterial, das zerteilt und manipuliert wird. Die Mechanisierung der Natur entspringt dabei vordergründig der Erfüllung von Sehnsüchten und Wünschen nach einem eigenen Kind. Dahinter tut sich ein Abgrund von Geld- und Machtgier auf, eine Entfremdung vom Leben an sich, die Reduzierung der menschlichen Ganzheit. Das Annähern an Perfektion durch absolute Kontrolle macht den Menschen aber nicht sicherer und glücklicher. Im Gegenteil: Der Traum vom sogenannten »Transhumanismus« wird zum Alptraum, bei dem Menschen optimiert werden, indem sie mit Computertechnologie verschmelzen. Ist es das, was Sie sich für die Zukunft wünschen?

Verhütung, Fruchtbarkeit, Schwangerschaft, Geburt, Kindererziehung und der Erhalt weiblicher mütterlicher Eigenschaften und Kompetenzen sind keineswegs »Problemfelder« der Frauen. Sie sind im übergeordneten Sinn eine Gemeinschaftsangelegenheit, eine Herzenssache, ein Gemeinschaftsinteresse und eine Gemeinschaftsverantwortung, die jeden Mann und jede Frau angeht und jeden, der von einer Mutter geboren wurde.

GANZ DIE MAMA

Wenn Ihnen jemand Ähnlichkeit mit Ihrer Mutter bescheinigt oder gar ein »Du bist wie deine Mutter«, was macht das mit Ihnen? Sind Sie stolz darauf oder beleidigt deswegen? Ist das eher ein Kompliment oder Angriff? Ihre spontane Reaktion sagt einiges darüber aus, wie Sie Ihre Mutter sehen.

Sie wissen ja jetzt, spätestens seit Sie dieses Buch angefangen haben zu lesen, dass der mütterliche Anteil bei unserer genetischen Prägung beachtlich ist und die Mama uns sehr nachhaltig vor und nach der Geburt durch ihr Empfinden und ihr Verhalten beeinflusst hat.

Überlegen Sie deshalb jetzt bitte einmal ganz in Ruhe, was Sie an Ihrer Mutter lieben, schätzen und bewundern. Und nun bitte, was Sie besonders aufregt, was Sie an ihr ablehnen oder was Sie an ihrem Verhalten verletzt. Und danach überlegen Sie bitte weiter, ob das bei Ihnen zu Reaktionen beziehungsweise einem Verhalten führt, das störend und selbstschädigend ist? Wie das?

Sind wir ihr wirklich so ähnlich?

Wird nicht eben das, was wir bei der Mutter kritisieren, dann zu unserem inneren Feind, wenn wir es damit übertreiben, ein solches Verhalten bei uns auszumerzen? Erreichen wir damit am Ende nicht genau das Gegenteil? Ein solches Verhalten nennt man Überkompensation. Hierzu ein paar Beispiele:

Ein Patient regte sich einmal über die in seinen Augen übertriebene Nachgiebigkeit und Gutmütigkeit seiner Mutter auf. Er selbst hatte hingegen große Probleme damit, weil es ihm nicht gelingen wollte, anderen Menschen zu verzeihen.

Eine andere Patientin beschwerte sich über ihre Mutter, die alles so umständlich und wahnsinnig langsam anging. Sie selbst hatte einen Burnout hinter sich.

Eine Frau litt unter einer auf sich bezogenen narzisstischen Mutter. Sie beklagte sich über den emotionalen Rückzug der eigenen Tochter, die wiederum das »love bombing« der Mutter nicht mehr ertragen konnte.

Ein Kollege beklagte sich, seine Mutter sei von jeher unselbstständig und ängstlich gewesen. Ihm fiel gar nicht auf, dass er andere mitunter mit seiner forschen Art geradezu überrollte und sich selbst auch mit seinem Aktionismus stresste.

Die Tochter einer äußerst ich-bezogenen Mutter wählte einen Pflegeberuf. Eigentlich hatte sie aber eher eine künstlerische Begabung.

Die Angst »So wie meine Mutter will ich nie werden« führt regelmäßig gerade dazu, dass ein Mensch seiner Mutter umso ähnlicher wird. Auch die Entwicklung hin zum Gegenteil des Abgelehnten lässt sich als ein Ähnlichwerden auf einer verschobenen Ebene verstehen.

Bestimmte Eigenschaften oder Verhaltensweisen von uns hängen womöglich mit dem Bestreben zusammen, auf keinen Fall wie unsere Mutter zu werden.

Eine Mutter ist nicht wie ein Buffet, an dem man sich aussuchen kann, was gut schmeckt. Erst das Annehmen des ganzen Menschen erlaubt auch, sein ureigenes Selbst voll zu entwickeln und übertriebene Gegenreaktionen zu vermeiden.

Die »innere Mutter« mit ihren schönen und schrecklichen Seiten ist ein Teil von uns. Hören Sie deshalb auf damit, die unschönen Seiten dieser inneren Mutter vernichten zu wollen. Hass und Verachtung taugen nicht zu irgendeiner konstruktiven Motivation. War Ihre Mutter in Ihren Augen zu nachsichtig, so ist Unerbittlichkeit ebenso wenig erstrebenswert. War sie verträumt und langsam, dann achten Sie auf Ihr Tempo: Schildkröten leben länger als Rennmäuse. War sie unnahbar und restriktiv, dann respektieren Sie Ihre inneren Grenzen.

Je größer die Ablehnung der Mutter bei Ihnen ist, desto stärker fällt die Gegenreaktion aus und desto heftiger bestraft ein Mensch sich damit unbewusst. Versöhnen Sie sich mit der inneren Mutter. Machen Sie aus deren Schwäche Ihre Stärke. Nicht Ablehnung oder Nachtragen hilft Ihnen dabei, sondern Verständnis und der Wille zum Neuanfang.

Suchen Sie Ähnlichkeiten mit Ihrer Mutter, die Sie als positiv empfinden. Es bedeutet, dass Sie mit diesem Anteil im Reinen sind.

VERPASSEN SIE DEN ANSCHLUSS NICHT!

»Wer einmal sich selbst gefunden hat, kann nichts auf dieser Welt mehr verlieren.«

STEFAN ZWEIG (ÖSTERREICHISCHER ROMANCIER)

Ständig und überall gilt es an- und aufzuschließen: Den Anschluss im öffentlichen Verkehr nicht verpassen, den an das digitale Zeitalter, die Berufskarriere, an den letzten Treffer ins Fußballtor. Sind Sie deswegen vielleicht auf dem besten Wege, den Anschluss an sich selbst zu verpassen?

Sie sitzen im Auto oder einer Kneipe und ein Lied wird gespielt, das sie schon seit Ewigkeiten nicht mehr gehört haben. Auf einmal haben Sie Anschluss an Ihre Vergangenheit. Sie fühlen sich für ein paar Momente in eine frühere Zeit versetzt. Sie erinnern sich an Details, die Sie im Strudel der Geschehnisse verloren geglaubt hatten. Sie spüren sich so, wie Sie sich damals spürten. In diesem Moment sind Sie mit sich verbunden. Verbunden sein bedeutet sich selbst annehmen, mit sich im Einklang sein, seine Wurzeln annehmen und schätzen.

Nehmen Sie sich ab und zu die Muße, um nachzudenken über sich, Ihre Vergangenheit und was aus Ihnen geworden ist.

DIE EIGENE GESCHICHTE SCHREIBEN

Das Verfassen eines Lebenslaufs für eine Bewerbung ist oft der einzige Grund, warum sich Menschen als Autobiografen betätigen. Schade eigentlich! Erzählerisch beschreibt sich so manch einer dann manchmal noch beim Arzt oder Psychologen oder bei einem Freund oder Liebespartner. Erblasser fügen mitunter eine Autobiografie oder zumindest einige persönliche Erinnerungen und Selbstreflexionen ihrem Testament bei. Das ist eine sehr schöne Geste für die Hinterbliebenen. Ein Vermächtnis an die Nachkommen, als Dreingabe zu Sachwerten und Mammon. Andere schreiben Tagebuch und trauen sich, Ereignissen im Leben mit den dazugehörenden Gefühlen nachzuspüren.

Bei all diesen Formen des Selbstausdrucks entwerfen Sie für sich selbst, eine Zielgruppe oder Zielperson einen Plot, eine Geschichte über Ihr Leben. Sie spielen darin die Hauptperson. Dabei erinnern und erfinden Sie sich gleichzeitig. Sie passen dabei ganz unwillkürlich die Geschichte Ihrem Gegenüber an. Oder Sie machen die eigene Geschichte für sich selbst plausibel. Dabei rücken Sie sich selbst zumeist »ins rechte Licht«. Andere Menschen, die in Ihrem Skript eine Rolle spielen, sind Ihrem Werturteil ausgeliefert. Wie sie dabei wegkommen, liegt ganz bei Ihnen. Es ist schließlich Ihre Geschichte.

FRAGEN AN SIE

- ◇ Wie kommt Ihre Mutter im Großen und Ganzen in Ihrer Lebensgeschichte weg?
- ◇ Haben Ihre Geschwister – so Sie welche haben – Ihre Mutter gleich oder ähnlich wie Sie erlebt?

Allein, wie unterschiedlich Kinder ihre Mutter erleben und beschreiben, ist bemerkenswert und auch, wie sich die Betrachtungsweise im Lauf des Lebens wandeln kann. Wann immer Sie eine Erinnerung abrufen, bei jedem Mal verändert sie sich! »Wir erinnern uns im Grunde nie zweimal an genau dasselbe«, betont Hans Förstl, Direktor der Klinik und Poliklinik für Psychiatrie und Psychotherapie in München.

Geschichte im Allgemeinen und Ihre ganz persönliche Geschichte im Speziellen kann daher nie objektiv sein. Die Sorge eines Historikers besteht ja unter anderem immer darin, einer Geschichtsklitterung auf den Leim zu gehen, wenn also ein unzutreffender Eindruck von historischen Ereignissen oder Situationen vermittelt wurde. Aber wenn es um Ihre eigene Geschichte geht, hat niemand mitzureden oder zu urteilen. Sie können und dürfen frei schalten und walten. Es ist komplett Ihre Sache, wie Sie sich in Ihrer Vorstellung Ihre Vergangenheit ausmalen und welche Erfahrungen Sie filtern.

Schönfärber oder resiliente Menschen – also Personen mit einer hohen psychischen Widerstandsfähigkeit – erleben nicht unbedingt weniger belastende Situationen als andere.

Sie suchen, finden und erfinden Erklärungen, die auch erlebten Enttäuschungen, Verletzungen und Rückschlägen eine sinnstiftende Bedeutung verpassen. Auch hier ist wieder nicht die Richtigkeit und Objektivität der Sichtweise das entscheidende Kriterium, sondern einfach die Frage, ob Sie damit besser leben können.

Resiliente Menschen filtern eher die positiven Ereignisse heraus und nehmen diese stärker und bewusster wahr.

»Das musste schon so sein, weil deswegen oder daraus dann doch noch etwas Gutes für mich entstanden ist.« So lautet im Grunde ein konstruktiver Ansatz, sich mit der eigenen Geschichte und mit der nicht selten wiederkehrenden Frage »Warum ausgerechnet ich?« auszusöhnen. Dieser Grundgedanke passt natürlich nicht für jeden Menschen, aber er hat sich dennoch für so manchen bewährt, der so Frieden schließen konnte.

FRAGEN FÜR SIE

- ◇ Was hat das Leben mit Ihnen angestellt, was haben Sie mit Ihrem Leben angestellt?
- ◇ Sind Sie im Lauf des Lebens immer zuversichtlicher, fröhlicher, positiver geworden?
- ◇ Bewegen Sie sich schon immer auf einem hohen Zufriedenheitsniveau?
- ◇ Oder werden Sie zunehmend gereizter, gestresster, griesgrämiger oder sogar verbittert?
- ◇ Ist Ihr Ich von damals ein anderes als Ihr Ich von heute?
- ◇ Erinnern Sie sich an Momente, in denen Sie sich besonders mutig, froh, erfolgreich, stark oder frei gefühlt haben? Nehmen Sie diese Situationen aus Ihrer Vergangenheit ganz intensiv wahr.
- ◇ Angenommen, dieses freie oder frohe Ich von damals besuchte Sie heute, welche Botschaft hat es für Sie? Kann es Ihnen etwas raten oder schenken, damit Sie sich in Zukunft ebenso gut fühlen wie damals? Damit Sie das gute Gefühl wieder abrufen können?
- ◇ Sie können auch andersherum vorgehen: Gab es Erlebnisse in Ihrer Vergangenheit, in denen Sie sich besonders hilflos, allein oder verletzt gefühlt haben? Stellen Sie sich vor, Ihr heutiges Ich eilt dem Kind, dem Menschen von damals, zu Hilfe. Es sorgt dafür, dass Sie getröstet, beschützt und begleitet werden. Es teilt mit dem Ich von damals die schönen Gefühle, die daraus entstehen.

Das sind mögliche Modelle, wie Therapien ablaufen könnten, begleitet von einem guten vertrauenswürdigen Therapeuten, der Sie gekonnt in diese Erinnerungszustände führt und einen konstruktiven inneren Dialog anregt. Wenn Sie das interessant finden, dann machen Sie damit einen Selbstversuch. Es freut mich, wenn Sie damit erfolgreich sind. Lassen Sie sich helfen, wenn es notwendig ist, also eine »Not gewendet« werden soll.

MUTTERSEELENALLEIN

Jedes Eigenschaftswort (Adjektiv) lässt sich steigern: schön, schöner, am schönsten (Positiv, Komparativ und Superlativ). Bei einigen davon macht das jedoch keinen Sinn: Jemand kann nicht noch mehr schwanger oder mehr nackt sein, als er es ohnehin schon ist. Die wunderbare deutsche Sprache hält für einige Adjektive jedoch Steigerungen parat, bei denen es eigentlich keine Luft mehr nach oben zu geben scheint: Aus nackt wird zum Beispiel splitterfasernackt.

Oder denken Sie an das Wort »allein«. Sie können nicht noch »alleiner« sein. Und doch gibt es dieses Adjektiv, das einen Zustand völliger Verlassenheit wiederzugeben vermag: »mutterseelenallein«.

In diesem Wortpaket steckt die Mutter, die Person, die uns einmal den größten überhaupt möglichen Schutz gegeben hat, die uns so nah war, dass wir ein Teil von ihr gewesen sind.

Vielleicht ist Ihre geliebte Mutter auch gestorben und Sie haben in diesem Augenblick endgültig aufgehört, Kind zu sein. Ihre Seele hat keine Mutter mehr. Mit dem Tod der Mutter

Die »Mutterseele« geht auf eine germanisch-romanische Wortbeziehung zurück: mere-seul, mere-nu (in etwa: Mutter-(Seelen)allein; mutternackt).

wurde der Schlusspunkt für eine irdische Beziehung gesetzt. Dieser ist gleichzeitig der Beginn der Trauerarbeit.

Etwas anders mag Ihre Situation sein, wenn Sie mit Ihrer Mutter in keiner Resonanz stehen. Vielleicht beschreibt dieses »mutterseelenallein« Ihren Seelenzustand, weil Mütterlichkeit fehlt, weil sie versagt hat oder sich anderweitig für Sie schmerzhaft verändert hat.

Wie abgeschnitten

Seit den 1970er-Jahren gibt es die sogenannten Still-Face-Experimente (Bewegungsloses-Gesicht-Experimente). Sie gehen zurück auf den US-amerikanischen Psychoanalytiker und Entwicklungspsychologen Edward Tronick.

Bei dem Experiment sitzen sich eine Mutter und ihr etwa sechs Monate altes Baby drei Minuten lang gegenüber. Zunächst spielt und schäkert die Mutter mit dem Kind wie gewohnt. Dann verschwindet die Mutter für eine Minute und erscheint dann wieder vor dem Babystuhl. In der nächsten Minute aber ist sie ganz still, stumm und unbewegt. Alle Säuglinge in dieser »Still Face«-Situation versuchen nun in mehreren Anläufen, ihrer Mutter eine Reaktion zu entlocken und sie wieder für sich zu gewinnen. Sie mobilisieren alle kommunikativen Fähigkeiten, lächeln oder versuchen, die Aufmerksamkeit der Mutter auf ein gemeinsames Ziel zu richten, sie geben hohe Töne von sich und strecken beide Arme nach ihr aus. Weil die Mutter weiterhin nicht reagiert, verändert sich die kindliche Reaktion. Die Babys wenden sich von der Mutter ab, strampeln und beginnen schließlich zu weinen. Manche kommen sogar in einen Zustand, in dem sie zunächst vermeiden, die Mutter anzusehen. Dann versuchen sie, keine Notiz von ihrer Umgebung zu nehmen. Auch in diesem Zustand der Selbstberuhigung wirken sie resigniert und niedergeschlagen.

Laut Tronick zeigen die Reaktionen der Kinder, wie sehr sie darunter leiden, dass sie in den Gesichtern der Mütter lediglich Leblosigkeit und Abwesenheit vorfinden. Durch die regungslose Mimik ihres Gegenübers ist es dem Kleinkind nicht möglich, mit ihr Kontakt aufzunehmen.

Auch die Mütter zeigen sich aufgeregt und bekümmert darüber, als sie beobachten, wie sich ihre Kinder enttäuscht zurückziehen. Es wühlt sie auf, als sie merken, wie wichtig sie ihren Kindern sind; sie sind erstaunt und berührt davon, wie zielgerichtet und bestimmt die Kontaktversuche der Kleinen sind. Das Verbot zu reagieren löste in ihnen das Gefühl aus, ihre Babys im Stich zu lassen, von ihren Kindern weggerissen zu sein und so ein Stück ihrer selbst zu verlieren.

Übrigens: Auch in der Interaktion zwischen Erwachsenen gibt es »Still Face«-Situationen.

Ein bisher gewohntes wechselseitiges Geschehen wird unterbrochen, wenn unser Gegenüber uns mit unbewegter Miene und Interesselosigkeit begegnet. Damit wird ein innerer Rückzug verkündet. Bei der Resonanzlosigkeit vermissen wir die Seelenregung, den Seelenzugang. Die Bindung zwischen Mutter und Kind ist etwas Besonderes. Eine echte Bindung ist situationsunabhängig dauerhaft und stabil. Eine emotionale Unerreichbarkeit der eigenen Mutter macht ihre Kinder, egal welchen Alters, hingegen mutterseelenallein. Es ist, als wäre sie tot.

Vielleicht hat sich Ihnen Ihre Mutter entzogen, weil sie krank geworden ist, ein Suchtproblem hat, mit sich selbst beschäftigt ist, das (erwachsene) Kind bestrafen, maßregeln oder verändern möchte. Die Gründe mögen vielfältig sein. Das Ergebnis bleibt das gleiche. Ähnlich wie bei dem realen Tod der Mutter ist es nur natürlich, diesen Zustand betrauern zu wollen, selbst wenn es keinen eindeutigen Schlusspunkt der Beziehung geben mag. Fachleute sprechen unter diesen Umständen von »entrechteter Trauer«. Sie können in einem solchen Fall Ihrer

Umgebung den Grund für Ihre Traurigkeit nicht verständlich machen und möchten das vielleicht auch gar nicht.

Ob bei normaler oder entrechteter Trauer werden Sterbeprozesse in verschiedene Phasen unterteilt:

- ◇ Abwehr, Verdrängung
- ◇ Emotionen wie Wut, Angst, Zorn und Trauer
- ◇ Auseinandersetzung, Sinnsuche
- ◇ Akzeptanz, Anpassung

Der US-amerikanische Trauerforscher William Worden rät über diese Trauerphasen hinaus, »Entwicklungsaufgaben« anzunehmen, die uns das Leben gestellt hat:

- ◇ den Verlust als Realität anerkennen
- ◇ den Schmerz der Trauer erleben und aushalten
- ◇ sich an eine Welt anpassen, in der der verstorbene Mensch fehlt
- ◇ sich vom Verstorbenen ablösen und offen werden für neue Bindungen

Dem hinzuzufügen wäre, dass Sie nach der Ablösung – in diesem Fall von der Mutter – eine neue, eine andere (Ver-)Bindung mit ihr eingehen können. Nachdem Sie nicht mehr auf einer Mutter-Kind-Bindung bestehen und diese gewissermaßen begraben haben, nehmen Sie die Mutter als Mensch wahr. Es kann sein, dass daraus eine neue, eine andere Resonanzform entsteht. Wenn nicht, dann ist zumindest die Mutter in Ihrem Herzen, die innere Mutter um eine weitere Dimension gewachsen. Das ist Resilienz: die Widerstandsfähigkeit und positive Anpassung an eine Lebenssituation, die sehr schwierig ist. Wer Sie fallen lässt, lehrt Sie zu fliegen. Das ist lebensfreudige Vergänglichkeitstoleranz trotz erlebter Enttäuschung.

AM SCHLUSS ZURÜCK ZUM ANFANG

»Wer am Ende ist, kann von vorne anfangen, denn das Ende ist der Anfang von der anderen Seite.«
KARL VALENTIN (BAYERISCHER KOMIKER)

Mit und in unserer Mutter erlebten wir das erste Paradies. Die Vertreibung daraus war nicht unbedingt die Geburt, sondern vor allem, dass unsere Bedürfnisse nicht mehr oder zumindest nicht mehr sofort, so ohne jegliche Anstrengung, gestillt wurden. Außerhalb des Mutterleibs mussten wir erstmals erfahren, was es heißt zu frieren, Hunger zu haben, uns allein und verlassen zu fühlen und Schmerzen zu haben.

Natürlich waren nicht alle unsere Erfahrungen schmerzhaft und schlimm. Mit etwas Glück hat uns die Mutter den Auszug aus dem Paradies erleichtert und versucht, uns nicht allzu sehr leiden und nicht zu lange schreien zu lassen. Oder was meinen Sie, warum Babys weinen? Ganz sicher nicht, weil sie ihre Lungen trainieren möchten.

ES WAR EINMAL EIN PARADIES …

Nach und nach haben wir gelernt, unsere Bedürfnisse zu erkennen und selbst für deren Befriedigung aktiv zu werden. Wir haben begriffen, dass wir nicht ausschließlich durch Gebrüll auf uns aufmerksam zu machen brauchten. Wir haben unsere Fähigkeiten und Grenzen ausgelotet und gelernt, uns von der Schöpferin unseres ersten Himmelreichs, der Mutter, nach und nach zu distanzieren. Das, was wir dabei verlieren mussten, ist unwiederbringlich. Und diese Form von Paradies passt auch nicht mehr zu uns und unserem Leben heute.

Dennoch sehnen sich die meisten Menschen tief in ihrem Inneren nach jener Zeit des Lebens, diesem paradiesähnlichen Zustand. Diese Suche hat in der Geschichte der Menschheit verschiedene Formen angenommen.

Kein Wunder, dass dem Begriff Religion das lateinische Verb *religare* zugrunde liegt, was so viel wie »anbinden, zurückbinden, festhalten, an etwas festmachen« bedeutet. So kann Religion als ein Versuch gedeutet werden, mit dem sich Menschen an das verlorene Paradies rückverbinden möchten. Es scheint nur logisch, dass in den Weltreligionen Judentum, Christentum und Islam die Vertreibung der Menschen aus einem Paradies thematisiert wird. Das Bild vom Vertriebenwerden aus diesem Elysium entspricht der Urerfahrung des Hinausgetriebenwerdens aus der Geborgenheit und Einheit des Menschen in seinem Mutterschoß.

Hinaus in die Freiheit

Jeder von uns musste hinaus in die unbekannte Welt. Es ist die Geburt hinein in ein Leben der Eigenverantwortung, verbunden mit dem ständigen Abwägen von Gut und Böse und der Fähigkeit, selbst Leben weiterzugeben. So wie das biblische erste Menschenpaar in einem ambivalenten Konflikt gelebt hat, nämlich zwischen dem Verbundenseinwollen mit Gott und dem Sich-selbst-werden-Müssen, so kann auch die Trennung von der Mutter verstanden werden.

Der Bericht in der biblischen Genesis spricht in diesem Zusammenhang nicht von Sünde und Sündenfall. Im biblischen Text wird das Wort Vertreibung verwendet. Eine Deutung in Richtung Sünde entwickelte sich erst später.

Die Polarität zwischen Ver-/Gebundensein und Freiheit bleibt in der Liebe zu anderen Menschen für den Rest unseres Lebens ein Spannungsfeld. Wir werden begleitet von der Sehnsucht nach der idealen Bindung. Als Ideal schwebt unserem Unterbewusstsein ein Zustand wie damals mit der Mutter vor, als all unsere Wünsche und Bedürfnisse erfüllt wurden. Niemals kommen wir in unserem Leben dieser für uns perfekten Bindung wieder so nahe.

Alle nachfolgenden Beziehungen und Partnerschaften hinken einer solchen Einheit hinterher. Im Geschlechtsakt erleben Liebende eine Erinnerung an das Einssein mit einem anderen Wesen. Der Moment des Versinkens und Verschmelzens mit dem anderen, in welchem man gleichzeitig ganz bei sich selbst ist, kommen einem Paradieszustand doch recht nahe. Allerdings wird dieses Gefühl durch Wiederholung nicht jedes Mal intensiver. Früher oder später besinnen wir uns dann wieder auf das, was wir bereits als Kind begreifen mussten: Weder die Mutter noch ein Liebespartner sind in der Lage, uns den Weg zurück ins Paradies zu ebnen.

Nicht genug, dass wir für die Erfüllung unserer Bedürfnisse nun selbst Sorge tragen müssen. Hinzu kommt das Chaos, das in uns bei jeder Verletzung und Enttäuschung entsteht und anschließend entwirrt und aufgeräumt werden soll. Wenn dieses zu groß ist, dann müssen wir uns auch noch entscheiden, auf was wir überhaupt Einfluss haben und was wir besser akzeptieren, weil wir es nicht ändern können.

Bei der Auswahl der Themen, die entwirrt werden können, war Ihnen diese Reflexionsgrundlage, wie ich hoffe, hilfreich. Wann immer Sie sich fragen: »Wo soll ich denn bitte schön damit anfangen?« – vielleicht erinnern Sie sich dann zuerst einmal daran, wie alles begann:

Es war einmal ein wunderschönes Paradies. Das befand sich einst in, mit und bei meiner Mutter.

WEITERFÜHRENDE LITERATUR

Assilem, Melissa: Muttermittel in der Homöopathie – Die homöopathische Bedeutung von Plazenta, Käseschmiere, Fruchtwasser, Östrogen, Muttermilch und Nabelschnur. Narayana

Brisch, Karl-Heinz; Hellbrügge, Theodor (Hrsg.): Die Anfänge der Eltern-Kind-Bindung – Schwangerschaft, Geburt und Psychotherapie. Klett-Cotta

Endler, Peter C.: Expedition Homöopathieforschung – ein altes Heilsystem wird plausibel. Narayana

Manne, Kate: Down Girl: Die Logik der Misogynie. Suhrkamp

Schmid, Verena: Der Geburtsschmerz – Bedeutung und natürliche Methoden der Schmerzlinderung. Hippokrates-Verlag

ADRESSEN

Sprechstunde von Angela Weiss:

Seegarten Klinik – sgk.swiss
Ärztezentrum
Angela Weiss – Heilpraktikerin
Tel.: +41 44 716 48 48
E-Mail: office@sgk.swiss
www.treume.ch
Seestrasse 155 A
CH-8802 Kilchberg – Zürich

Hormonspeicheltests für zu Hause:

Censa-Zentrum für Speichelanalyse
Höhenröthstraße 9
D-91077 Kleinsendelbach
Tel.: +49 9126 27 49 280
E-Mail: info@censa.de
www.censa.de/speicheldiagnostik

Bezugsadresse für homöopathische Präparate:

Dr. Grimms Apotheke
Osterstraße 77
D-20259 Hamburg
E-Mail: service@dr-grimms.de
www.dr-grimms.de

MEHR ENERGIE, MEHR WOHLBEFINDEN!

ISBN 978-3-8338-6725-5

ISBN 978-3-8338-7281-5

ISBN 978-3-8338-7135-1

ISBN 978-3-8338-6961-7

e Alle hier vorgestellten Bücher sind auch als eBook erhältlich.

Mehr von GU auf **www.gu.de** und **facebook.com/gu.verlag**

IMPRESSUM

Projektleitung: Dr. Sarah Rafajlovic

Lektorat: Anna Cavelius

Umschlaggestaltung und Layout: independent Medien-Design, Horst Moser, München

Herstellung: Markus Plötz

Satz: Uhl + Mssopust, Aalen

Lithos: Ludwig Media, Zell am See

Druck und Bindung: C.H. Beck, Nördlingen

ISBN 978-3-8338-7422-2

1. Auflage 2020

Syndication: www.seasons.agency

www.facebook.com/gu.verlag

QUALITÄTS G|U GARANTIE

LIEBE LESERINNEN UND LESER,
wir wollen Ihnen mit diesem Buch Informationen und Anregungen geben, um Ihnen das Leben zu erleichtern oder Sie zu inspirieren, Neues auszuprobieren. Wir achten bei der Erstellung unserer Bücher auf Aktualität und stellen höchste Ansprüche an Inhalt und Gestaltung. Alle Anleitungen und Rezepte werden von unseren Autoren, jeweils Experten auf ihren Gebieten, gewissenhaft erstellt und von unseren Redakteuren/innen mit größter Sorgfalt ausgewählt und geprüft.

Haben wir Ihre Erwartungen erfüllt? Sind Sie mit diesem Buch und seinen Inhalten zufrieden? Haben Sie weitere Fragen zu diesem Thema? Wir freuen uns auf Ihre Rückmeldung, auf Lob, Kritik und Anregungen, damit wir für Sie immer besser werden können. Und wir freuen uns, wenn Sie diesen Titel weiterempfehlen, in Ihrem Freundeskreis oder bei Ihrem online-Kauf.

Sollten wir Ihre Erwartungen so gar nicht erfüllt haben, tauschen wir Ihnen Ihr Buch jederzeit gegen ein gleichwertiges zum gleichen oder ähnlichen Thema um.

KONTAKT
GRÄFE UND UNZER VERLAG
Leserservice
Postfach 86 03 13
81630 München
E-Mail: leserservice@graefe-und-unzer.de
Telefon: 00800 / 72 37 33 33*
Telefax: 00800 / 50 12 05 44*
Mo-Do: 9.00–17.00 Uhr
Fr: 9.00–16.00 Uhr (*gebührenfrei in D,A,CH)

GRÄFE UND UNZER

Ein Unternehmen der
GANSKE VERLAGSGRUPPE